Lieblingsplätze in Regensburg und der Oberpfalz

Heinrich May

Aus Gründen der Lesbarkeit und Sprachästhetik wird in diesem Buch das generische Maskulinum verwendet. Mit der grammatischen Form sind ausdrücklich weibliche sowie alle anderen Geschlechtsidentitäten berücksichtigt, insofern dies durch den Kontext geboten ist.

Für das Buch wurden QR-Codes generiert, die zu den Websites der Lieblingsplätze führen. Um sie zu nutzen, öffnen Sie die Kamera-App Ihres Endgeräts und richten den Rahmen für circa drei Sekunden auf den Code. Daraufhin erscheint eine Benachrichtigung. Sollte dies nicht passieren, müssen Sie ggf. das Scannen in den Einstellungen Ihres Gerätes erst aktivieren. Wenn diese Option nicht verfügbar ist, können Sie einen QR-Code-Reader von Drittanbietern in Ihrem App-Store kostenfrei herunterladen.

Alle Informationen wurden geprüft. Gleichwohl verändern sich Gegebenheiten, daher erfolgen alle Angaben ohne Gewähr. Sollte bei einem QR-Code ein Fehler angezeigt werden, sind wir für eine Nachricht dankbar. Auch über Ihr Feedback zum Buch freuen sich Autorin, Autor und Verlag: lieblingsplaetze@gmeiner-verlag.de.

Sofern nicht im Folgenden gelistet, stammen alle Bilder von XY:
Domkapitel Regensburg (Michael Vogl) 14; Pfarrei Dreieinigkeitskirche 26; Stefan Gruber 48; Johannes Enke 60; Tourismusverband Ostbayern e.V. (Florian Trykowski) 66, 72; Stadt Berching (Anikó Kerl) 74, 76; Tourismusverband Ostbayern e.V. (Stefan Gruber) 78; Tourismusverband Ostbayern e.V. (Ulrike Eberl-Walter) 80; Vincent Beijk 82; Berschneider + Berschneider Architekten, Pilsach 86; Christian Giese/Rudolf Leit 88; Peter Martner 92; Landkreis Amberg-Sulzbach (Peter Neunteufel) 94; Landkreis Amberg-Sulzbach (Regina Wolfohr) 98; Tourismusverband Ostbayern e.V. (Florian Trykowski) 100; Landkreis Amberg-Sulzbach (Alfred Härtl) 104; Tourismuszentrum Oberpfälzer Wald 110, 114, 118, 120, 124, 132, 144, 148, 158, 162; Stadt Waldsassen 126; Tourismuszentrum Oberpfälzer Wald (Matthias Kunz) 130; Brauerei Chodovar 136; Pavlina Uhrová 140; Landratsamt Cham (Stefan Gruber) 142; Centrum Bavaria Bohemia e.V. 146; Wolfgang Nerb 150; inMotion PARK Seenland GmbH 160; Touristinfo Bad Kötzting 168; Touristinfo Blaibach 170; Landratsamt Cham (Stefan Gruber) 174

Besuchen Sie uns im Internet: www.gmeiner-verlag.de

1., überarbeitete Neuausgabe 2024

Im Ehnried 5, 88605 Meßkirch
Telefon 07575/2095-0
info@gmeiner-verlag.de

QR-Code einscannen und kostenloses E-Book anfordern.

Lektorat/Redaktion: Ricarda Dück
Herstellung: Julia Franze
Bildbearbeitung/Umschlaggestaltung: Susanne Lutz
unter Verwendung der Illustrationen von © ylivdesign – stock.adobe.com; © Instantly – stock.adobe.com; © Sylwia Nowik – stock.adobe.com; © Simp Line – stock.adobe.com; © SG- design – stock.adobe.com; © natbasil – stock.adobe.com; © Vlad Klok – stock.adobe.com; © SimpLine – stock.adobe.com; © pandavector – stock.adobe.com; © Katrin Lahmer; © Benjamin Arnold
Kartendesign: © Maps4News.com/HERE
Druck: AZ Druck und Datentechnik GmbH, Kempten
Printed in Germany
ISBN 978-3-8392-0624-9

Oberpfalz

Römer, Bayern, Böhmen

Regensburg und die Oberpfalz

Was ist die Oberpfalz? Zunächst einmal nüchtern betrachtet, bildet sie einen von sieben Regierungsbezirken Bayerns. Mit etwa 9.700 Quadratkilometern Fläche und knapp 1,1 Millionen Einwohnern gilt sie als eine der kleineren und eher dünn besiedelten Regionen des Freistaats. Aus geologischer Sicht ist sie wiederum eine Gegend mit vielen Mittelgebirgen wie dem Oberpfälzer Wald, dem Steinwald, dem Oberpfälzer Jura und dem oberen Teil des Bayerischen Waldes. Durchzogen werden die Felsmassive von den großen Flusstälern von Naab und Regen. Dazwischen erstrecken sich flache Landschaften mit unzähligen Weihern – und einigen (erkalteten) Vulkanen.

Sprachlich gehört fast die gesamte Oberpfalz zum bairischen Sprachraum. Im Norden und in der Mitte wird Nordbairisch gesprochen, mit dem berühmtesten Laut, dem »ou«, wie in »Kou« (Kuh) oder »Our« (Ohr). Im Westen geht der Dialekt ins Fränkische über, im Süden ins Ober- und Niederbayerische. Historisch betrachtet, wurde der Landstrich schon in früher Vorzeit besiedelt, beginnend vom Donautal, die Flusstäler der Naab und des Regens hinauf. Die Kelten dominierten für einige Jahrhunderte die Gegend, bis sie von den Germanen abgelöst wurden. Die Römer besetzten Castra Regina (Regensburg), wurden aber ebenfalls von Germanen und anderen Volksstämmen vertrieben. Mitte des 6. Jahrhunderts setzten sich die Agilolfinger als führende Adelsfamilie der Bajuwaren durch und wählten Regensburg als Herrschaftssitz. Gegen Ende des 8. Jahrhunderts setzte Karl der Große der Unabhängigkeit vorerst ein Ende und verleibte Bayern und den sogenannten Nordgau dem Fränkischen Reich ein. Später gehörte Letzterer zum Territorium der Wittelsbacher. Die wiederum teilten sich im 14. Jahrhundert in die bayerische und die pfälzische Linie mit Sitz in Mainz. Da die Stadt am Rhein niedriger liegt als die Gebiete im Osten, bildete sich der Name »Oberpfalz« heraus.

In kulinarischer Hinsicht wird die Region gerne »Erdäpfelpfalz« genannt, weil sich früher die arme Bevölkerung hauptsächlich von Kartoffeln ernährt haben soll. Dazu tranken sie ihr Bier, den »Zoigl«. Beides schmeckt heute noch, und ich empfehle, einen »Böselschmarrn« oder »Bauchstecherla« zu probieren! Und doch hat die

Gegend natürlich über Erdäpfel und Bier hinaus weitere Genüsse zu bieten: eine Menge feiner Süßspeisen oder vorzüglichen Wein aus dem eigenen kleinen Anbaugebiet zwischen Regensburg und Kruckenberg.

Schon diese kurze Ausführung zeigt, dass die Oberpfalz vieles ist – aber kein einheitliches Gebilde. Alle Grenzen sind fließend, und das zeichnet meine Heimat für mich aus: Sie ist eine Region enormer Bandbreite, die Gebirge und Täler, verschiedene Dialekte und historische Ursprünge umfasst – und bis nach Tschechien und Böhmen reicht. Waren wir auch bis 1989 rund 40 Jahre von unseren Nachbarn getrennt, blieb die kulturhistorische Einheit stets bestehen. Daher habe ich mir erlaubt, für einige Plätze die (territorialen) Grenzen zu überschreiten. Westböhmen sowie Kelheim und das Altmühltal in Niederbayern schließen sich nicht nur unmittelbar an die Oberpfalz an, sondern sind in mancher Hinsicht eng mit ihr verbunden.

Regensburg ist aufgrund seiner Größe der Kulminationspunkt der Region – geschichtlich jedoch nicht, weil die Stadt erst seit 1810 zu Bayern und der Oberpfalz gehört. Zudem liegt sie am südlichen Rand, sodass auch Amberg, Neumarkt, Schwandorf und Weiden ihren Raum erhalten und Zentren in ihren Kreisen bilden. Und die kleineren Gemeinden in der weiteren Umgebung ergeben weitere (kleinere) Zentren, was man nicht zuletzt an den beliebten Autokennzeichen wie *BUL*, *KÖZ*, oder *WÜM* ablesen kann.

Somit ist die Oberpfalz vor allem ein Landstrich der Vielfalt: Landschaft, Sprache, Kulinarik, Geschichte – alle Aspekte der Kultur vereinen die Region und zeigen sich in deren Ecken zugleich unterschiedlich. Und überall sind sich »die Oberpfälzer« dessen bewusst, vielleicht sogar ein wenig stolz darauf. Sie sind gerne zu Haus. Aber sie tragen ihre Heimatliebe nicht zur Schau. Viel mehr wirken sie auf den ersten Blick zurückhaltend oder gar verschlossen. Aber das ist nur ein flüchtiger Eindruck. Sobald man sich auf die Menschen einlässt, öffnen sie sich, sind gastfreundlich und herzlich. So wie letztlich die gesamte Region: Sie ist unheimlich bunt und reich an schönen Plätzen. Wahren Lieblingsplätzen. Ich lade Sie ein, diese mit mir zusammen zu besuchen!

Steinerne Brücke
D-93059 Regensburg

Tourist-Information Regensburg
Altes Rathaus
Rathausplatz 4
D-93047 Regensburg
+49 941 5074410

Weltwunder über der Donau

Steinerne Brücke

Mein erster Lieblingsplatz ist zugleich ein Wahrzeichen der Stadt Regensburg: die Steinerne Brücke. Ihre unglaubliche Geschichte kann man sich heute kaum mehr vorstellen: Im Jahr 1135 n. Chr. gehen die Regensburger Bürger her und errichten in nur elf Jahren eine Brücke über die Donau, wie sie sicher keiner der Baumeister zuvor gesehen hatte. Sie überspannt mit ursprünglich 16, heute noch 15 sichtbaren Bögen und einer Länge von 336 Meter den gesamten Fluss mitsamt Nebenarmen. Über lange Zeit war sie der einzige feste Donauübergang zwischen Ulm und Wien. Sie trotzte allen Hochwässern und Eisstößen, nur der Mensch wurde ihr wirklich gefährlich: Im Dreißigjährigen Krieg und in den letzten Tagen des Zweiten Weltkriegs sprengten die Verteidiger aus Angst vor den herannahenden Feinden Teile des Bauwerks. Aber es wurde wiederaufgebaut.

Anfang des 20. Jahrhunderts gab es sogar Pläne, die Brücke wegen Behinderung der Schifffahrt abzureißen und durch einen Neubau zu ersetzen. Zum Glück wurden diese Pläne nie umgesetzt. Und zum Glück wurde die Steinerne 2008 endgültig für den Straßenverkehr gesperrt und konnte grundlegend saniert werden, was dringend nötig war. Heute glaubt man kaum, dass an dieser Stelle noch vor nicht allzu langer Zeit Autos und Busse den Fluss überquerten.

Der ideale Platz, dieses wahrlich wundervolle Bauwerk zu betrachten und zugleich den schönsten Ausblick auf die Altstadt zu genießen, befindet sich unterhalb der Brücke am Beschlächt. Von dem Steindamm aus, der auf Holzpfählen errichtet wurde, wirkt sie besonders beeindruckend. Imposant trotzen die mächtigen Pfeiler und Quader der starken Strömung des Flusses. Angesichts des imposanten Baus meint man, es müsse vor bald 900 Jahren doch mit dem Teufel zugegangen sein, so unglaublich erscheint die Geschichte!

Kehren Sie nach einem Spaziergang über den Fluss, je nach Wetterlage, in einen der beiden Biergärten oder am Brückenkopf in Stadtamhof in eines der Cafés ein. Von dort kann man das Treiben auf der Steinernen Brücke gut beobachten.

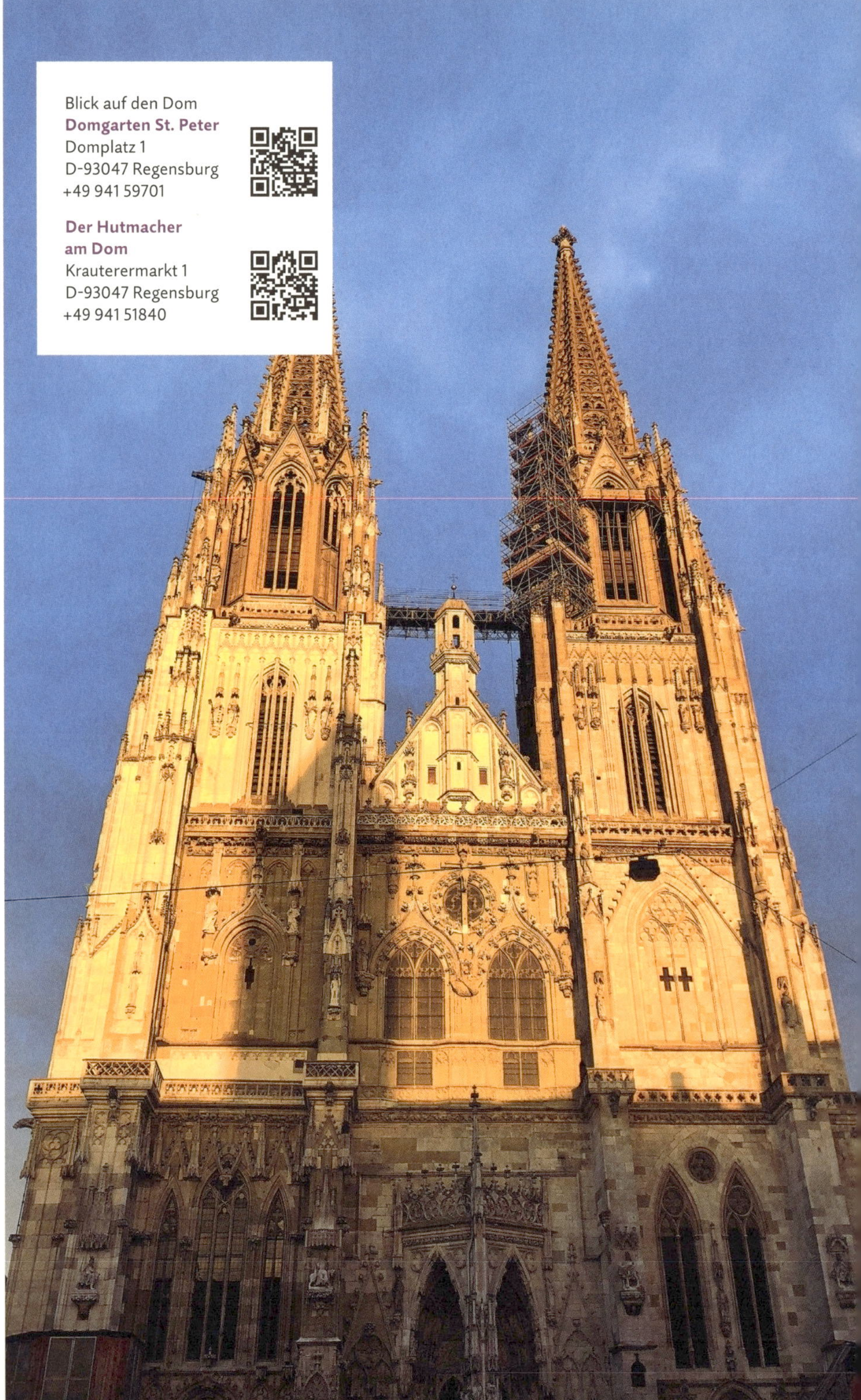

Blick auf den Dom

Domgarten St. Peter
Domplatz 1
D-93047 Regensburg
+49 941 59701

Der Hutmacher am Dom
Krauterermarkt 1
D-93047 Regensburg
+49 941 51840

2 In der Werkstatt der Kirche

Domgarten

Den gesamten Regensburger Dom in aller Kürze zu beschreiben ist unmöglich. Deshalb bleibe ich unmittelbar an meinem Lieblingsplatz stehen – im östlich gelegenen Domgarten. Hier kann ich das wunderbare Bauwerk der Hochgotik, eines der bedeutendsten östlich des Rheins, in aller Ruhe genießen und vor allem in seine Geschichte eintauchen.

An dieser Stelle standen die Vorgängerbauten der heutigen Kathedrale. Bereits 739 n. Chr. gründete der heilige Bonifatius das Bistum, dessen Bischofsresidenz sich an dem Standort im ehemaligen Castra Regina befand, mit der Porta Praetoria daneben. Mehrmals brannten die früheren Gebäude ab, oder sie waren zu klein und wurden prächtiger wiederaufgebaut. Auch der unmittelbare Vorgängerbau des Domes, von dem heute noch der Eselsturm steht, wurde im Jahr 1273 durch einen Brand zerstört. Die Stadt Regensburg, die damals ihren Höhepunkt an Wachstum und Reichtum erreicht hatte, beschloss, stattdessen eine Kathedrale in dem neuen angesagten französischen Baustil zu errichten. Man holte Baumeister und Handwerker, die über Generationen hinweg ein Meisterwerk der Gotik schufen.

Vom Domgarten aus lassen sich einige der architektonischen Innovationen der Gotik bestens studieren: Die Mauern wurden filigraner und höher als die der früheren Kirchen. Statt das Gewicht von mächtigen Wänden tragen zu lassen, wurden nun die gewaltigen Kräfte von einem außenliegenden System an Bögen, Streben und Pfeilern nach unten abgeleitet.

Im Domgarten wird man heute noch Zeuge des ausgeklügelten Bauverfahrens. In der angrenzenden Dombauhütte behauen ein Dutzend Steinmetze Blöcke für die Kathedrale – mit mittelalterlichem Werkzeug, wie es einst genutzt wurde und nun in der eigenen Schmiede hergestellt wird.

Setzen Sie sich gegenüber dem Hauptportal in eines der Cafés, genießen Sie die kulinarischen Genüsse und die Aussicht auf den Dom. Oder Sie lassen sich beim Hutmacher am Dom gleich noch neu »behüten«.

document Niedermünster
Niedermünstergasse 4
D-93047 Regensburg

Treffpunkt Führungen:
Infozentrum
Domplatz 5
D-93047 Regensburg
+49 941 5971662

2.000 Jahre von unten erleben

Ausgrabung *document Niedermünster*

Fast 2.000 Jahre Kulturgeschichte an einem Ort und Regensburg in seiner Entwicklung von der Zeit der Römer über die der Agilolfinger und Liudolfinger nachspüren – das ist im *document Niedermünster* möglich. Im Untergrund der romanischen Niedermünsterkirche reisen Besucher weit in die Geschichte Regensburgs und Bayerns.

In fünf Meter Tiefe sind zuallerunterst Zeugnisse der römischen Bebauung zu finden – wohl damals Sitz der Offiziere. Darüber zeigt sich eine steinerne Saalkirche, die um das Jahr 700 errichtet wurde. Sie stellt das früheste nachweisbare Zeugnis der Agilolfinger dar, aus deren Geschlecht die ersten bayerischen Herzöge stammten, und ist zugleich eine der ältesten Steinkirchen in ganz Bayern. Sie birgt das Grab des heiligen Erhard, einer der Patrone des Bistums Regensburg. Es ist über 1.300 Jahre alt, wurde der Wanderbischof doch bereits wenige Jahre nach der Errichtung des Sakralbaus beigesetzt.

Auch die Ursprünge des nachfolgenden Gotteshauses aus dem 8. oder frühen 9. Jahrhundert gehen mit Tassilo III. auf einen Agilolfinger zurück. Der letzte Herzog dieses Geschlechts gründete damit zugleich eines der ältesten Klöster in Bayern. Wahrscheinlich besuchte sogar Kaiser Karl der Große des Öfteren diese Kirche.

Wenig später aber war das Gebäude offenbar zu klein geworden, und in der Mitte des 10. Jahrhunderts wurde ein drittes errichtet. In jener Zeit erlebte Niedermünster, das nunmehr ein Frauenstift geworden war, seine Blüte. Davon zeugen die prächtigen Gräber des Herzogs Heinrich I. und seiner Frau Judith sowie von Gisela von Burgund, der Mutter Kaiser Heinrich II.

Die heutige, vierte Kirche an dieser Stelle stammt aus dem 12. Jahrhundert und wurde später barock umgestaltet. Sie markiert das nahe Ende des Besuchs in der Unterwelt, bevor man langsam ins 21. Jahrhundert wiederemporsteigt.

Nach dem Gang in die Tiefe kann man sich bei einem Kaffee am Alten Kornmarkt wieder aufwärmen, entweder im schicken *Café Rinaldi* oder im benachbarten *Orlando di Lasso* mit leckeren Butterhörnchen.

Donaumarkt
Alter Kornmarkt
D-93047 Regensburg
Weltenburger am Dom
Domplatz 3
D-93047 Regensburg
+49 941 5861460

4 Einkaufen mit allen Sinnen

Donaumarkt am Alten Kornmarkt

An den meisten Tagen bietet der Alte Kornmarkt einen etwas tristen Anblick. Trotz der schönen Gebäude, die ihn umsäumen, dient er unter der Woche als Parkplatz. Aber jeden Samstag geschieht eine Verwandlung: Schon in aller Früh, wenn es noch dunkel ist, regt sich auf der dann autofreien Fläche buntes Treiben. Es werden kleinere und größere, ausgeklügelte und schlichte Stände aufgebaut, denn es ist Donaumarkt.

Der »Donaumarkt« (so genannt, weil er früher unmittelbar am Fluss gelegen war) ist der größte Wochenmarkt Regensburgs und aus mehreren Gründen etwas Besonderes. Zunächst einmal finden Besucher die größte Auswahl an Händlern und Waren, die von Salat und Obst über Käse, Fleisch und Wurst bis zu Brot, Wein, Kaffee und Gewürzen nahezu keine Gaumenfreude auslässt. Höchst begehrt ist vor allen Dingen das Gemüse, das nur wenige Kilometer entfernt, zum Teil noch im Stadtgebiet, angebaut wird. Durch den kürzesten Transportweg ist frischester und purer Genuss garantiert – bei bester Ökobilanz.

Des Weiteren ist das Ambiente auf dem Donaumarkt einzigartig. Nur wenige Schritte vom Dom entfernt liegt der Platz eingebettet zwischen der mittelalterlichen Residenz der bayerischen Herzöge und karolingischen Kaiser, der prächtigen Alten Kapelle und dem Karmelitenkloster St. Joseph. Bereits im frühen Mittelalter wurden an diesem Standort Feste und Turniere abgehalten.

Und schließlich – und das geschieht fast zwangsläufig – bietet sich die beste Gelegenheit zum Reden oder »Ratschen« – bei schönem Wetter direkt an den fliegenden Kaffeeständen oder in einem der Cafés am Platz. Damit niemand Hunger leiden muss, werden zudem schon zu früher Stunde Bratwürstl oder »Rengschburger mit allem« angeboten, die einen verlockenden Grillgeruch verströmen.

Wer noch mehr Appetit bekommen hat und gut bürgerliche bayerische Küche genießen will, dem ist das benachbarte rustikale Lokal *Weltenburger am Dom* ans Herz gelegt.

Museum der Bayerischen Geschichte
Donaumarkt 1
D-93047 Regensburg
+49 941 598510

5 Oh wie schön ist Bayern

Museum der Bayerischen Geschichte

Ein Museum nur über Bayern – das muss es doch schon längst geben? Gab es aber nicht, speziell zur Geschichte des jüngeren Bayerns. Daher wurde 2012 beschlossen, ein solches zu bauen und in der »ältesten« Hauptstadt Bayerns zu platzieren – in Regensburg. Einer Stadt mit reicher Vergangenheit, die aber auch für Moderne steht, für den Aufbau in der Zeit nach dem Zweiten Weltkrieg und die Verbindung zu den Nachbarstaaten im Osten.

Der Standort in Regensburg selbst war nicht bei allen sofort beliebt, sind doch die Regensburger sehr sensibel mit Veränderungen ihrer Altstadt. Und auch wenn viel über das Bauwerk diskutiert wird, setzt es doch tolle Akzente: Der Eingangsbereich des Museums findet sich unmittelbar an der Donau und verbindet den Fluss so mit der Stadt. Die Dimension des Gebäudes ist durch Winkel an Fassade und Dach mehrfach gebrochen und nimmt damit die Struktur der Altstadt auf. Besonders schön ist der Blick von der gegenüberliegenden Seite der Donau aus: Dort wirkt das Gebäude wie ein riesiger Fisch.

Auch die Sammlung im Museum lässt einen vieles aus den vergangenen 200 Jahren Bayerns entdecken. Unverzichtbares, wie einiges zu den Königen Ludwig, aber auch Überraschendes, wie Alltagsgegenstände, die Bürger dem neuen Museum spendeten. Erzählt wird, wie der Freistaat Bayern zu dem wurde, was er heute ist und was ihn besonders macht. Das sind nicht nur Königsschlösser oder der FC Bayern, sondern auch die Revolutionen von 1918 (die auch den Namen »Freistaat« erst erfand) oder der Widerstand gegen die Wiederaufbereitungsanlage in Wackersdorf. Mein Lieblingsobjekt: Ein Schild, das auf die Landesgrenze hinwies, aber von einem Baum überwuchert wurde – weil es nicht mehr gebraucht wurde.

Wie schrieb eine der ersten Besucherinnen ins Gästebuch: »How beautiful is Bavaria!«

Spazieren Sie nach dem Museumsbesuch an der Donau stromabwärts bis zur »Königlichen Villa« und dem daneben befindlichen Park und erleben Sie wieder eine andere Seite der Stadt mit viel Grün und Weite.

document Legionslagermauer
Parkhaus am Dachauplatz
D.-Martin-Luther-Straße 2
D-93047 Regensburg

Historisches Museum Regensburg
Dachauplatz 2–4
D-93047 Regensburg
+49 941 5072448

Kastell unter dem Parkhaus

Ausgrabung *document Legionslagermauer*

Von außen ein schnödes Parkhaus, aber darunter verbirgt sich ein Schatz: Große Teile der im Untergrund liegenden Reste der römischen Besiedelung können Besucher am *document Legionslagermauer* auf Augenhöhe betrachten. Spuren des Castra Regina sind an diesem Platz effektvoll sowie ansprechend inszeniert!

Gleich gegenüber am Dachauplatz ist im Historischen Museum ein früheres Lagertor des einstigen römischen Kastells zu sehen. Dessen Inschrift beschreibt das nahezu rechteckige Siedlungsareal in der heutigen Regensburger Altstadt als »Lager der 3. Italischen Legion im Jahr 179 n. Chr. unter Kaiser Marc Aurel«. Die ursprünglich zwei Kilometer lange Umwehrung besaß eine aus mächtigen Steinquadern aufgetürmte Front von über sechs Metern Höhe, die auch nach dem Abzug der Römer im 5. Jahrhundert Bestand hatte. Die Legionslagermauer umgab die Keimzelle der späteren mittelalterlichen Stadt mit der Residenz der ersten bajuwarischen Herzöge. Am östlichen Rand bildete sie bis ins hohe Mittelalter einen Teil der Stadtmauer, im Süden und Südosten partiell sogar noch bis ins 19. Jahrhundert.

Am *document Legionslagermauer* kann man das größte noch bestehende Stück von Nahem betrachten. Staunend und beeindruckt steht man vor diesem über 1.800 Jahre alten Meisterwerk der Römer. Wie sie die Steinbrocken passgenau bearbeiteten, transportierten und in kurzer Zeit nach einem höchst strukturierten Plan zum Legionslager zusammenstellten – das nötigt einem heute noch Respekt ab! Man kann Details des Aufbaus erkennen, wie die sogenannten »Wolfslöcher«, die für den Transport in die Steine geschlagen wurden. Neben den originalen Überresten veranschaulicht ein interessanter Film den Besuchern die (Bau-)Geschichte des Legionslagers.

Vis-à-vis befindet sich das Historische Museum der Stadt, in dem der gesamten Geschichte Regensburgs nachgespürt werden kann. Für Pausen bietet sich das schöne Museumscafé an.

Neupfarrplatz
D-93047 Regensburg

Evang.-Luth. Pfarramt Neupfarrkirche
Neupfarrplatz 1
D-93047 Regensburg
+49 941 59972512

7 Jüdische Geschichte

Neupfarrplatz

Dieser Platz ist eigentlich eine Wunde, martialisch der Stadt von ihren eigenen Bürgern zugefügt: Über Jahrhunderte standen die Häuser der jüdischen Gemeinde Regensburgs dicht an dicht im streng abgeriegelten Ghetto. Dass sie überhaupt so lange dem stets latent grassierenden Antisemitismus standhalten konnte, lag am Schutz der Kaiser des Heiligen Römischen Reiches Deutscher Nation. Als aber Kaiser Maximilian Anfang 1519 starb, wendete sich das Blatt: Seit Jahren stagnierte die einst prosperierende Stadt, Armut machte sich breit und die jüdische Bevölkerung war ein willkommener Sündenbock. Ohne den kaiserlichen Beistand wehrlos ausgeliefert, mussten die 40 jüdischen Familien, rund 500 Personen, auf Ratsbeschluss innerhalb weniger Tage Regensburg verlassen. Sofort darauf wütete der Mob und zerstörte die Gebäude. Für einen Neuaufbau des Gebiets fehlten jedoch die Mittel, und so blieb eine Freifläche.

Gleichwohl ist der Neupfarrplatz ein Lieblingsplatz – denn die Stadt stellt sich ihrer Geschichte vor über 500 Jahren. Bei der Neugestaltung des Areals 1995 traten erstaunlich gut erhaltene Fundamente des jüdischen Ghettos zutage, die im *document Neupfarrplatz* im Rahmen von Führungen besichtigt werden können.

Zudem gab es weitere Überraschungen. Man fand einen spektakulären Goldschatz mit 624 schweren Münzen, der heute im Historischen Museum der Stadt aufbewahrt wird. Und es zeigten sich die Reste der gotischen Synagoge. Ihren Grundriss zeichnete der israelische Künstler Dani Karavan als Bodenrelief nach, das heute begehbar ist. Wie seine Idee des Kunstwerks als Begegnungsstätte funktioniert, kann man jeden Tag an den vielen Menschen an diesem historischen Ort sehen.

Nutzen Sie die Gelegenheit, die Neupfarrkirche zu besuchen, die ebenfalls eine Begegnungsstätte ist, nicht nur während Gottesdiensten, sondern auch bei Orgelkonzerten oder Auftritten von Chören.

Regensburger Schwammerl
Stehcafé im Milchpilz
Albertstraße 14
D-93047 Regensburg

8 Süße Versuchung im Grünen

Stehcafé *Schwammerl* im Milchpilz

Der Milchpilz in der Albertstraße ist für viele ein modernes Wahrzeichen der Stadt. 1952 kam die Molkerei Waldner aus dem Allgäu auf die Idee, Kioskgebäude in Form eines Fliegenpilzes aufzustellen, um dort ihre Produkte und Süßes anzubieten. Der Milchpilz in Regensburg erfreute sich von Anfang an großer Popularität und wurde liebevoll *Schwammerl* getauft. Generationen von Kindern ließen auf dem Schulweg so manches Zehnerl oder gar Fuffzgerl für ein Softeis oder Schokolade dort liegen.

Der *Regensburger Schwammerl* ist einer der wenigen Milchpilze, die die Zeit überdauert haben. Heute ist die Kundschaft vielleicht ein wenig älter, aber gleichwohl treu. Das ganze Jahr über werden ausgezeichneter Espresso und Cappuccino kredenzt und Neuigkeiten bei einem Ratsch ausgetauscht. Man trifft sich bei nahezu jedem Wetter auf dem Weg ins Büro, zum Bahnhof oder ins Zentrum.

Auch historisch hat der *Schwammerl* einiges zu bieten. Seine Lage verweist auf das späte 18. Jahrhundert, als Regensburg noch eine Provinzstadt war. Während im Norden die Donau die Grenze markierte, umschloss gen Süden die mittelalterliche Wehrmauer die Stadt. Der Bau zog sich in einem Bogen vom Fluss am westlichen Prebrunntor bis zum Stadttor am Ufer im Osten und war vom Verfall gezeichnet. 1779 schenkte Fürst Carl Anselm von Thurn und Taxis Regensburg »eine Allee von Bäumen … zur Zierde der Stadt und Gesundheit der Einwohnerschaft«. Es wurden geschätzt 1.500 Bäume gepflanzt, um das Stadtbild und die alte Mauer aufzuwerten. Inmitten des Grüns führte ein schöner Spazierweg um Regensburg herum. Diese Allee fand großen Anklang und wurde nach und nach zur Parkanlage mit Denkmälern und Ruhebänken ausgebaut.

Heute landet man nach genau der Hälfte des Spaziergangs beim *Schwammerl* und genießt die beschriebene kurze Pause.

Man sollte sich unbedingt die Zeit nehmen, den gesamten Grüngürtel entlang der Altstadt zu erkunden. So erhält man einen anderen Blick auf den historischen Kern.

Dreieinigkeitskirche
Am Ölberg 1
D-93047 Regensburg
+49 941 5997250

Café-Bar Regensburg
Gesandtenstraße 14
D-93047 Regensburg
+49 941 54167

9 Über den Dächern der Stadt

Dreieinigkeitskirche

Regensburg von oben betrachten, auf die Dachlandschaft blicken – das kann man in der Innenstadt nirgends so gut wie auf dem Nordturm der Dreieinigkeitskirche. Und bereits der Aufstieg ist ein lohnenswertes Ziel.

Der Weg führt durch den säulenlosen Innenraum des Sakralbaus, der durch eine umlaufende Empore bestimmt wird. Die offene Gestaltung ist kein Zufall: Die Dreieinigkeitskirche war bei ihrer Einweihung 1631 einer der ersten protestantischen Neubauten in Bayern, der in seiner Architektur der reformatorischen Theologie verpflichtet war. In dem betont schlichten Gotteshaus sollten die Gläubigen von jedem Platz aus freien Blick auf die zwei zentralen Geschehen des Gottesdienstes haben: die Predigt von der Kanzel und die Feier des Heiligen Abendmahls am Altar.

Dafür ist das hölzerne Gestühl, das noch aus der Erbauungszeit stammt, umso prächtiger. Und es spiegelt die damalige ständische Gesellschaft mit ihrer strengen Rangordnung wider: Das hohe Gestühl im Chorraum war den Mitgliedern des Inneren Rates der Stadt und den Predigern vorbehalten. Die seitlich entlang des Langschiffs angeordneten Bänke waren für die Mitglieder des Äußeren Rates der Stadt vorgesehen. Die übrigen Gottesdienstbesucher saßen nach Geschlechtern getrennt im Langhaus. Vornehme Bürger wie Ritter, Adelige, Gelehrte oder Gesandte auswärtiger Fürsten nahmen auf den Emporen Platz.

Über die Galerien erreichen wir den Zugang zum Turm. Dort heißt es, Kopf einziehen und die steilen Stufen emporsteigen. Oben angekommen, entschädigt die herrliche Aussicht auf den Dom, die Umgebung und über das Meer von Dächern für die kurze Anstrengung. Welches Dach wohl zu welchem Gebäude gehört?

Gegenüber dem Eingang der Dreieinigkeitskirche befindet sich die kleine, aber feine Café-Bar. Hier wird unter einer schönen Glasdecke im Jugendstil einer der besten Espresso der Stadt dargeboten.

Schottenportal
Kirche St. Jakob
Jakobstraße 3
D-93047 Regensburg
+49 941 29830

10 Mittelalterliches Märchenbuch

Portal der Schottenkirche St. Jakob

Dass das Schottenportal an der Nordseite der Kirche St. Jakob ein besonderer Ort ist, erfasst man sofort, wenn man die Tür des schützenden Glasbaus durchschritten hat. Man steht unmittelbar vor einem überwältigenden Kunstwerk.

Auf Augenhöhe ziehen einen rätselhafte, urtümliche Figuren in seltsamen Verrenkungen in ihren Bann. Man meint Bettler, Spieler, Tänzer oder Händler zu erkennen, offensichtlich Vertreter des »einfachen Volks«. Weiter oben ist ein Drache zu sehen, der einen Löwen verschlingt, an anderer Stelle ein Krokodil mit einer Kugel im Maul. Darüber thronen in verschiedenen Reihen und Gruppen weitere Erscheinungen, die einen mit großen Augen und eindringlichem Blick anzustarren scheinen. Und überall schmücken reichhaltige Verzierungen die Szenerie, deren Motive von schlichten Linienführungen über Pflanzen bis hin zu Tier- und Menschengestalten reichen.

Tatsächlich handelt es sich bei dem Portal um eine wohldurchdachte religiöse Komposition in Aufbau, Figuren und Symbolik. Die Menschen im Mittelalter konnten darin wie in einem aufgeschlagenen Bilderbuch lesen: Am unteren Rand sind auf der einen Seite Maria und auf der anderen wohl der Antichrist dargestellt. Zwischen ihnen spielt sich die ständige Auseinandersetzung zwischen Gut und Böse ab. Zentral herrscht Christus über der Pforte und darüber ist das Erscheinen des Herrn zum Jüngsten Gericht zu erkennen. Zu allen anderen Gestalten gibt es bis heute verschiedene Deutungen.

Im 11. Jahrhundert waren benediktinische Wandermönche aus Irland nach Regensburg gekommen und hatten um 1090 den Grundstein für ein neues Kloster gelegt. Da die irischen Ordensbrüder im Volksmund »Skoten« genannt wurden, wird das Gotteshaus bis heute Schottenkirche genannt. St. Jakob sowie insbesondere das Schottenportal zählt zu den bedeutendsten romanischen Baudenkmälern Deutschlands.

Nach dem Besuch der Kirche bietet sich an, in eines der Cafés am Bismarckplatz einzukehren. Im Sommer pulsiert der Platz bis spät in die Nacht.

Erkundung Altstadtgassen
Startpunkt: Hundsumkehr
D-93047 Regensburg

Storstad Restaurant
Watmarkt 5
D-93047 Regensburg
+49 941 59993000

11 Zur schönen Gelegenheit

Erkundung der Altstadtgassen ab Hundsumkehr

1.400 Namen für Gassen, Straßen und Plätze in Regensburg sind bekannt. Einige der Bezeichnungen sind mit der Zeit ersetzt worden, beispielsweise das vielsagende »Schindergässl« oder das »Henkergässl«. Andere sind durch Baumaßnahmen gänzlich hinfällig geworden, wie der »Hunnenplatz«. Aber noch existiert eine Reihe von Namen, die nicht nur auf besondere Örtlichkeiten in der Altstadt verweisen, sondern zudem schöne Geschichten erzählen, die Groß und Klein begeistern.

Wir beginnen im Westen bei der »Hundsumkehr«, einer Sackgasse, in der sofort der namensgebende Vierbeiner vor dem inneren Auge auftaucht. Allerdings kann es sich bei dem tierischen Begriff auch um eine ungenaue sprachliche Übernahme des mittelhochdeutschen »unz« handeln, was »bis zur Umkehr« bedeutete. Ganz in der Nähe befindet sich das »Kuhgässl«, die engste Gasse Regensburgs mit gerade einmal 65 Zentimetern Breite. Eine Erklärung besagt, der Name rührt von einem Rindvieh her, das im schmalen Durchgang stecken blieb und hungern musste. Laut einer anderen Version drückte das Tier einen entgegenkommenden Bäckerjungen an die Wand, wovon heute ein Stein an einem Haus zeugt, der zwei Semmeln darstellt. Nach einem kurzen Weg erreichen wir die Straße »Zur schönen Gelegenheit«, die allerdings auf keinen günstigen Augenblick, sondern (nur) auf eine herrliche Aussicht hinweisen soll. Ähnlich irreführend ist das »Gässchen ohne End«, das in Wirklichkeit doch begrenzt ist.

Der für mich schönste Winkel ist der zwischen »Kram- und Tändlergasse«. Hier eröffnet sich eine großartige Sicht auf den Dom. Früher konnten an dieser Stelle einfache Leute bei Händlern alles kaufen. Es muss ein lautstarkes, prallgefülltes Treiben geherrscht haben. Wie überall in der Altstadt, in der an jeder Ecke heute wie früher spannende Anekdoten warten.

Am Nordende der »Tändlergasse« steht ein Turm, der einiges zu bieten hat: ein Theater und mit dem *Storstad* sowie dem *Aska* gleich zwei der besten Lokale der Stadt – über deren Dächer!

Herzogspark
Württembergstraße 8
D-93049 Regensburg
Naturkundemuseum
Ostbayern
Am Prebrunntor 4
D-93047 Regensburg
+49 941 5073443

12 Im schönsten Grün

Herzogspark

Ein Spaziergang im Herzogspark ist vieles gleichzeitig: erholsam, lehrreich, spannend, aber nie langweilig. Denn obwohl er noch recht jung und eine der kleineren Grünflächen Regensburgs ist, beherbergt er eine Reihe von Bau- und Kunstdenkmälern sowie einen großen Pflanzenreichtum.

Der Rundgang beginnt an der Prebrunnstraße und führt in den Stadtgraben hinab, der im Mittelalter zum Schutz der Siedlung und des wichtigen Prebrunntores ausgehoben wurde. Die hoch aufragenden Mauern stammen allerdings aus dem 17. Jahrhundert, als nach dem Dreißigjährigen Kriege eine mächtige Bastion errichtet und mit Kanonen bestückt wurde.

Zum Glück nimmt einen diese kriegerische Geschichte nicht ein, da die Natur alle Aufmerksamkeit auf sich zieht. Die botanischen Lehrgärten entlang des Weges verraten unter anderem Informationen über die Alpenflora oder Rhododendren. Auf einer Terrasse an der Donau befindet sich ein äußerst schön angelegter Rosengarten. Unmittelbar dahinter versteckt sich einer der größten Bäume der Stadt: eine gewaltige Platane mit mächtigen Ästen.

Erklimmt man die Bastion, kann man gleich den Aufstieg auf den etwa zehn Meter hohen Prebrunnturm anschließen. Er belohnt den Besuch mit einer grandiosen Aussicht auf die Westnerwacht, die Türme im historischen Kern und die vorbeiströmende Donau.

Nach der kleinen Anstrengung lädt abschließend der Renaissancegarten als Kleinod des Parks zum Verweilen ein. In dessen Zentrum steht ein Natursteinbrunnen, zu dem Kieswege an Blumenbeeten vorbeiführen, die von Buchshecken gesäumt und streng geometrisch ausgerichtet sind. Trotzdem wirkt die wohlgeordnete Anlage lieblich. Auf einer Bank mit Blick auf das benachbarte Naturkundemuseum lauscht man dem Gesang der Vogelwelt. Entspannung pur.

Ein Besuch des Naturkundemuseums lohnt sich. Die kleine Sammlung in dem feinen Palais lädt an vielen Stellen zum Mitmachen ein und hält tolle pädagogische Angebote für Kinder bereit. So macht Lernen Spaß!

Botanischer Garten der
Universität Regensburg
Universitätsstraße 31
D-93053 Regensburg
+49 941 9433295

13 Ein Fest für alle Sinne

Botanischer Garten

Der Botanische Garten der Universität Regensburg liegt zwar etwas versteckt, allerdings lohnt sich der Abstecher an den Rand der Stadt. Ein Besuch auf dem Uni-Berg ist zudem ein Fest für alle Sinne: Vogelgezwitscher bildet die Kulisse für das Farbenspiel der Pflanzen, es duftet allerorten, man darf nahezu alles berühren und manches sogar schmecken.

Der gefällige Garten lädt erst einmal zum Herumschlendern ein. Man wähnt sich eher in einem Park als in einer wissenschaftlichen Anlage. Obwohl das Gelände nicht allzu groß ist, entstehen durch die Anordnung baum- und strauchartiger Pflanzen immer wieder kleine Oasen, die ständige Abwechslung bieten. Detailreich wurden die ursprünglichen Naturstandorte der jeweiligen Pflanzen nachempfunden. Verschiedene Bassins und Teiche spiegeln die vielfältigen Lebensräume der Wasserpflanzen wider. Auf ihren hölzernen Rändern können Besucher Platz nehmen, um Flora und Fauna in Ruhe zu betrachten. Allein zwölf unterschiedliche Libellenarten sollen hier beheimatet sein.

Eben diese Mischung gelingt dem Garten perfekt: die Freude an der Schönheit der Natur und zugleich eine Menge Informationen fast beiläufig zu vermitteln. Die Anlage ist zwar noch jung, aber die Pflanzenkunde in Regensburg kann auf eine stolze Geschichte zurückblicken. Am 14. Mai 1790 gründete David Heinrich Hoppe die *Regensburgische Botanische Gesellschaft*. Sie ist weltweit die älteste noch bestehende Vereinigung ihrer Art. Die Verbindung von Wissenschaft und Gesellschaft gestaltet sich bis heute höchst fruchtbar und einzigartig.

Die Betonfassade der Universität ist zwar teilweise in die Jahre gekommen, aber bei einem Spaziergang über den Campus beeindruckt das Areal mit seiner Größe und Geschlossenheit.

Regenufer
Zugang: Obere
Regenstraße
D-93059 Regensburg

Gaststätte Auer Bräu
Schwandorfer Straße 41
D-93059 Regensburg
+49 941 88597

14 Beim Namensgeber der Stadt

Regenufer

Der Regen ist zwar Namensgeber der Stadt, aber diese nahm den Fluss lange Zeit wenig wahr. Durch den in den 1950er-Jahren erbauten Schifffahrtskanal und die viel befahrene Frankenbrücke vom historischen Kern praktisch abgetrennt, fristete die Regenmündung ein kümmerliches Dasein. Auch als die Donau und ihre Ufer in den 1990er-Jahren als Naherholungsgebiet wiederentdeckt wurden, wurde ihr Nebenfluss ignoriert. Nicht einmal die Tatsache, dass viele in nächster Umgebung – in Regenstauf und Regendorf sowie in Pielmühle – im Regen badeten, gereichte ihm innerhalb der Stadtgrenzen zu Gute. Vielmehr wurde er als Bedrohung gesehen. Besonders einschneidend war die Überflutung im August 2002, nachdem im Bayerischen Wald gewaltige Regenmengen zu Boden gingen und den Flusspegel ansteigen ließen.

Doch genau diese latente Hochwassergefahr und daraus resultierende Präventionsmaßnahmen machten den Fluss den Bürgern zugänglich. Zwar wird der Fluss jetzt von einer Mauer in Schach gehalten, jedoch stellt diese kein Hindernis dar. Breite Zugänge führen zum Ufer hinunter und ins Wasser hinein, während Steine, Bänke und Liegen zum Sonnen einladen. Anwohner und Besucher folgten schnell diesem Ruf und mittlerweile schwören viele aufs Bad im ruhigen Regen.

Ein schöner Nebeneffekt: Plötzlich wird auch der über 1.000 Jahre alte Stadtteil Reinhausen wieder wahrgenommen. In den pittoresken Walmgiebelhäusern lebten einst Fischer und Flößer. Letztere zogen die Stämme aus dem Wasser, die über den Regen aus dem Bayerischen Wald angeschwemmt wurden. Die Holzgartenstraße erinnert mit ihrem Namen noch an diese Nutzung des Flusses.

Am westlichen Regenufer befindet sich die urige Traditionsgaststätte *Auer Bräu*, in der sich Alt und Jung zu Bier, Schweinebraten oder anderen regionalen Spezialitäten treffen.

Keilberger Störung und Sendemast Hohe Linie
Zur Hohen Linie 64
D-93055 Regensburg

Landgasthof Hammermühle
Thiergartenstraße 1
D-93093 Donaustauf
+49 9403 96840

15 Grenze des Bayerischen Waldes

Keilberger Störung und Hohe Linie

Der Bayerische Wald beginnt in Regensburg an der Hohen Linie – aber erst muss man hoch hinaus! Fährt man die steile Straße in den Stadtteil Keilberg hinauf, bewegt man sich zunächst auf den östlichsten Ausläufern des Fränkischen Juras. Von deren beeindruckendem Ausmaß zeugen die steil aufsteigenden Felswände im benachbarten Kalkbergwerk. Schließlich erreicht man an der Kirche St. Michael den mit 471 Metern höchstgelegenen Punkt im gesamten Stadtgebiet. Kurz dahinter beginnt die Tegernheimer Schlucht, besser bekannt als Keilberger Störung.

An deren Ostseite hob sich im Verlauf der Jahrmillionen eine Erdplatte um 500 Meter, wodurch im Westen übereinanderliegende Gesteinsformationen mit nach oben gerissen und verzerrt (»verschleppt«) wurden. Dadurch sind nun Gesteinsarten und -schichten verschiedenster Alter auf engstem Raum nebeneinander sichtbar, was Keilberg zu einem der geologisch interessantesten Orte in Deutschland macht.

Nachdem man noch einen herrlichen Blick über die Schlucht hinunter ins Donautal und in die Ebene des Dungaus geworfen hat, erreicht man schon die Hohe Linie. Der markante rot-weiß gestreifte Sendemast ist in jedem Winkel Regensburgs und weit darüber hinaus im Umland zu sehen. Und nun steht man urplötzlich im Bayerischen Wald. Genau genommen ist es zwar der vorgelagerte Falkensteiner Vorwald, doch aufgrund des bereits vorherrschenden Granits und der geschlossenen Waldfront sind die Grenzen fließend. Durch das Meer an Bäumen führt der Forstweg gen Osten kilometerlang nahezu schnurgerade hindurch. Nach etwa sechs Kilometern erreicht man den Silberweiher, einen markanten Punkt im tiefen Wald, an dem neun (!) Wege zusammentreffen.

Wer weiter wandern möchte, hält sich am Silberweiher rechts Richtung wildromantisches Ellbachtal, geht weiter ins Otterbachtal und kehrt an dessen Ende im herrlich gelegenen Landgasthof Hammermühle ein.

Bayernhafen Regensburg
Linzer Straße 6
D-93055 Regensburg
+49 941 795970

16 Fernweh

Bayernhafen

Regensburg wurde bereits zur Römerzeit als Halt für den Verkehr auf dem Wasser genutzt, sei es für Kriegsschiffe oder den Transport von Steinen zum Bau des Legionslagers Castra Regina. Jahrhunderte später im Mittelalter verdankte Regensburg seine wirtschaftliche Größe unter anderem der Donau, auf der verschiedenste Güter wie Salz oder später Eisen transportiert wurden. Daher ist es erstaunlich, dass erst 1910 ein richtiger Hafen vom damaligen Kronprinzen Ludwig errichtet wurde: der Luitpoldhafen, der heute Bayernhafen heißt und zu der rund 3.500 Kilometer langen Rhein-Main-Donau-Wasserstraße gehört.

An diesem Ort spürt man wie an keinem anderen noch den Stellenwert Regensburgs als Handelsstadt. Die mannigfaltigen Verbindungen zu anderen Nationen zeigen sich in den unterschiedlichen Flaggen, die auf den anlandenden oder lagernden Schiffen wehen. Holländische Fahnen oder auch osteuropäische wie die rumänische oder ukrainische flattern im Wind. Die Rufe der Besatzungen und der Hafenarbeiter bestätigen diese Internationalität, die in Regensburg nirgendwo sonst in dieser Vielfalt zu spüren ist. Und auch wenn nicht alles schön im Sinne von chic, sauber oder ästhetisch ist, geht vom Hafen ein enormer Reiz aus. Getreide- oder Sandhaufen, Berge von Altpapier oder gar Alteisen und Schrott verströmen urbanen Industriecharme und den Duft der großen, weiten Welt.

Staunend steht man daneben, wenn die Schiffsdiesel schwer dröhnen, die Kähne ihre gewaltigen Lasten mit einer erstaunlichen Leichtigkeit bewegen und zentimetergenau navigiert werden. Oder wenn die riesigen Kräne an Land ihre gewaltigen Greifer zur Ladung absenken und diese Tonne um Tonne ab- und umladen. Und die Gedanken gehen mit auf die lange Reise der Güter, die Donau rauf oder runter bis ans Schwarze Meer …

Von der Wiener Straße zweigt ein Fußweg entlang der Bahnlinie Regensburg-Hof ab, der den besten Blick auf den Hafen bietet und zudem auf die imposante stählerne Schwabelweiser Eisenbahnbrücke führt.

Schillerwiese
Parken: Weinweg
D-93049 Regensburg

Das Stadtwerk – Westbad
Messerschmittstraße 4
D-93049 Regensburg
+49 941 6012944

17 Schwimmen in der Donau wie früher

Schillerwiese

Regensburg und die Donau – das eine kann man sich ohne das andere nicht vorstellen. Immer schon hat der Ort vom Fluss gelebt; Händler, Schiffer und Fischer prägten das Stadtbild. In der jüngeren Vergangenheit nutzte die Bevölkerung die Donau als Naherholungsgebiet und vor allem zum Schwimmen. Bereits im frühen 19. Jahrhundert befanden sich am Oberen Wöhrd mehrere Badeanstalten, wodurch die nahe Badstraße ihren Namen erhielt.

Später wurden weitere öffentliche Schwimmstellen am Donauufer eingerichtet, unter anderem in den 1930er-Jahren eine an der Schillerwiese.

Sie liegt im Westen Regensburgs, genau am nördlichsten Punkt des Flusses, hieß zuvor *Kuhwiese* und war im Mittelalter auch eine der Hinrichtungsstätten der Stadt. Viel später war hier einer der Strände am Donauufer, an denen viele Regensburger bis in die Nachkriegszeit das Schwimmen erlernten. Allerdings verschwanden Badeanstalten und Strände, nachdem die Wehranlage gebaut und der Fluss aufgestaut wurde sowie nicht zuletzt wegen der Verschmutzung des Wassers.

Erst um die Jahrtausendwende entdeckten die Regensburger die Donau wieder als Naherholungsgebiet. Eine Bürgerinitiative gab den Anstoß zur Renaturierung der Ufer, bei der auch Badebuchten neu errichtet wurden. Da zudem das Wasser wieder eine deutlich bessere Qualität aufweist, ist es heute gang und gäbe, an und in die Donau zu gehen. Egal, ob Familien mit kleinen und größeren Kindern, Gruppen johlender Teenager, Studenten oder Herrschaften älteren Semesters, sportlich Ambitionierte oder Wasserscheue, die nur gelegentlich die Füße ins kühle Nass stecken – an der Schillerwiese treffen sich alle. Was gibt es auch Schöneres an einem heißen Sommertag als ein erfrischendes Bad in der gemächlich strömenden Donau?

Wenn das Wetter für ein Bad in der Donau zu schlecht sein sollte, findet sich 500 Meter weiter das Westbad, das in verschiedenen Becken jegliche Arten von Wasservergnügen unter einem Dach ermöglicht.

Kloster Prüfening
Abteikirche St. Georg
Prüfeninger Schloßstraße 73d
D-93051 Regensburg

18 Aus einem Traum geboren

Kloster Prüfening

Aus einem Traum geboren – das ist die Gründungslegende des einstigen Klosters Prüfening! Der Bamberger Bischof Otto lag im Jahr 1107 in einer Hängematte unter Nuss- und Kastanienbäumen, weit vor den Toren Regensburgs, das anlässlich eines Reichstags von Menschen überfüllt war. Da hatte er eine Vision: Engel schwebten vom Himmel herab, streuten duftende Blumen, sangen süße Lieder, und über allem erklang liebliches Glockengeläut. Ergriffen gelobte der Geistliche, an Ort und Stelle ein Kloster zu errichten.

Wer heute beim ehemaligen Stift und Schloss Prüfening nur an den herrlichen Biergarten denkt, überspringt die über 900 Jahre wechselvolle, teilweise dramatische Geschichte der Anlage: Der erste Abt Erminold wurde im Streit über die Führung des Klosters von einem Mitbruder erschlagen. Ihm zu Ehren wurde ein kunstvolles Hochgrab geschaffen, das in der Abteikirche St. Georg steht. Der unbekannte Bildhauer, der später auch als Dombaumeister in Regensburg wirkte, wird schlicht »Erminoldmeister« genannt. Trotz des tragischen Beginns entwickelte sich das Kloster rasch zu einem wissenschaftlichen und künstlerischen Zentrum, insbesondere der mittelalterlichen Buchmalerei. Leider sind diese Schmuckstücke heute nicht mehr vorhanden, da sie nach der Säkularisation entfernt wurden.

In der Folge dienten die Gemäuer als Schloss, Heimat eines Rockerclubs und beherbergen heute eine Schule. Doch der größte Schatz überdauerte all die Jahrhunderte: die geheimnisvollen romanischen Fresken! Erst 1897 wiederentdeckt, durch den Zahn der Zeit und bei ersten Sanierungen schwer in Mitleidenschaft gezogen, wurden sie letztendlich 2017 bei neuerlichen Renovierungsarbeiten gerettet. Heute ziehen diese Fresken den Betrachter wieder in ihren Bann, mit all ihren prächtigen Farben, Formen und Mustern. Endlos verschlungen. Zeitlos!

50 Meter südlich der Kirche, etwas versteckt, befindet sich die romanische Brunnstube des ehemaligen Klosters. Die darin gefasste Quelle liefert auch heute noch Wasser, seit über 800 Jahren!

Wandergebiet
Max-Schultze-Steig
Fürst-Albert-Allee
D-93051 Regensburg

Filialkirche St. Anna
Großprüfening 33
D-93049 Regensburg

19 Alpine Wanderung

Max-Schultze-Steig

Von Regensburg nur ein paar Minuten – und man ist mitten im Grünen. Gleich der Startpunkt des Max-Schultze-Steigs am ehemaligen Prüfeninger Kloster ist beeindruckend: die Fürst-Albert-Allee, der prächtigste Boulevard der Stadt, führt etwa 200 Meter nach Westen unter mächtigen Linden, Ahornen und Kastanien.

Ursprünglich hieß der Wanderweg *»Prüfeninger Kellerbreite«* benannt nach dem einstigen Sommerkeller. Hier wurde bis in die Mitte des 20. Jahrhunderts Bier ausgeschenkt, das in den tief in den Hang hineinreichenden Gewölben selbst an heißen Tagen kühl gelagert – und ausgeschenkt – werden konnte. Heute erinnert nur noch eine schwere Eisenplatte im Boden an diese Funktion.

Der sich anschließende Weg lässt wenig Zeit für Gemütlichkeit: Bereits wenige 100 Meter weiter wird er zu einem schmalen Pfad, der sich an den Hang schmiegt. Wir befinden uns im Naturschutzgebiet Max-Schultze-Steig und das Gelände ist beinahe alpin. Die Route führt über Gestein, mehrere Abzweigungen geleiten zu Felsenköpfen. An denen steht man urplötzlich an einer bis zu 40 Meter jäh abfallenden Kante und blickt in die Tiefe auf die Donau. Wenig später muss man sich sogar an eisernen Geländern und an Seilen festhalten, um nicht abzurutschen. Wäre nicht die Autobahn unüberhörbar nahe, würde man sich im Gebirge wähnen. Und wer sich traut, kann gar in einer nur etwa 50 Zentimeter breiten Schlucht zwischen zwei Felsen hinunter zur Donau steigen. Der Sage nach war dies einmal ein Steinbrocken, den ein Riese gespalten hat.

Ein paar weitere Schritte und man steht vor einem geologischen Highlight: der sogenannten Schutzfelsenhöhle, an der verschiedene Gesteinsformationen auf engstem Raum neben- und übereinander liegen. Sie wurden 1797 von dem Botaniker David Heinrich Hoppe entdeckt.

Beim Rückweg sollte man in Großprüfening bei einem kulturellen Kleinod vorbeischauen: dem spätgotischen St.-Anna-Kirchlein. Der Blick lohnt sich, insbesondere auf die 500 Jahre alten Schnitzaltäre.

Donaufähre Matting
An der Donau
D-93080 Pentling
+49 941 920820

Gaststätte/Biergarten Zunftstüberl
An der Donau 21a
D-93080 Pentling
+49 9405 6535

20 Mit uralter Kraft an uraltem Ort

Donaufähre Matting

Ich wusste nicht, dass die erste Silbe des Wortes »Gierseilfähren« aus der Seemannsprache stammt und eine Drehbewegung um die Hochachse eines Schiffes bezeichnet. Bekannt ist hingegen, dass bei diesem Fährtyp die Wasserströmung als Antrieb genutzt wird, auch wenn die genauen physikalischen Gesetze für die meisten im Dunkeln bleiben. Und genau diese vermeintlich einfache Funktionsweise übt neben dem herrlichen Panorama eine enorme Faszination aus, überquert man bei Matting die Donau.

Das Boot scheint mehr von Zauberhand als von Winden und Seilen übers Wasser geleitet zu werden. Man sieht dem routinierten Handeln des Steuermannes zu, fühlt sich bei ihm gut aufgehoben, selbst wenn ein riesiger Donaukreuzer oder ein Frachter naht und, wie vorgeschrieben, mit dem Nebelhorn auf sich aufmerksam macht. Wanderer, Fahrradfahrer und Einheimische werden das ganze Jahr über sicher und auf kürzestem Weg von einem Ufer zum anderen gebracht.

Selbst früher wird der physikalische Ablauf für die meisten Passagiere zweitrangig gewesen sein, waren sie doch vor allen Dingen auf das Transportmittel angewiesen. Nur mit ihm konnten sie auf die andere Seite der Donau gelangen, um den Bahnhof Matting oder ihren Arbeitsplatz zu erreichen. Schließlich war die Donauüberfahrt an dieser Stelle schon immer wichtig, auch lange vor der Zeit der Gierseilfähren. Die Gemeinde Matting wurde bereits im 9. Jahrhundert urkundlich erwähnt, auf ihrem Boden stehen die ältesten Steinhäuser Bayerns. Und am anderen Flussufer öffnet sich eine ebenfalls uralte Kulturlandschaft. Im heutigen Naturschutzgebiet Mattinger Hänge, auf den Felsen oberhalb der Bahnlinie, wurde bereits vor rund 1.100 Jahren Wein angebaut. Darüber thront die Ruine der nie fertiggestellten Burg Schwarzenfels. Heute herrscht dort oben der Wanderfalke – und wird von Naturschützern bewacht.

Nach der Überfahrt kann man in Matting eines der alten Bauernhäuser besichtigen: Das *Zunftstüberl* ist darüber hinaus ein schönes bayerisches Wirtshaus mit Biergarten.

Klettergebiet Schönhofen
Am Sportplatz
D-93152 Nittendorf

Gaststätte Röhrl
Eilsbrunn
Regensburger Straße 3
D-93161 Sinzing
+49 9404 2112

21 Luft unter den Sohlen!

Klettergebiet Schönhofen

Was verbirgt sich hinter »Aprilscherz«, »Luft unter den Sohlen«, »Hosenscheißer« oder gar »Träge Wampe«? Allesamt sind dies Routen im Klettergarten Schönhofen – und zwar in aufsteigender Reihenfolge ihres Schwierigkeitsgrads.

Aber keine Angst, hier soll niemand zu einem möglicherweise zu steilen Abenteuer verführt werden! Schönhofen im Tal der Schwarzen Laaber ist auch für diejenigen ein lohnenswertes Ausflugsziel, die lieber mit beiden Beinen auf dem Boden bleiben wollen. Allein die Strecke zum Klettergarten bietet Überraschendes: Wir laufen am Fußballplatz vorbei, der Weg führt um eine unauffällige Biegung und plötzlich stehen wir vor der ersten Felsformation, der Nixenwand. Im Anschluss türmt sich die Steilwand auf, die ihrem Namen alle Ehren macht. Und dahinter beginnt das eigentliche Eldorado der Kletterer: die 35 Meter senkrecht aufragende Labertalwand.

Dort bietet es sich an, eine kleine Pause einzulegen und die sportlich Aktiven bei ihrer schweißtreibenden Betätigung in luftiger Höhe zu beobachten. Um deren Leistung noch mehr schätzen zu können, steigen wir den Weg unmittelbar bei der Labertalwand hinauf, kommen an der Schwarzen Wand an und erreichen 50 Meter über der Schwarzen Laaber den Kletterblock mit dem berühmt-berüchtigten »Zwei-Finger-Loch«. An dieser Stelle können – und müssen! – sich Mutige mit maximal zwei Fingern hochziehen.

Wir anderen staunen darüber, setzen uns auf die Bank und blicken ins wunderschöne Tal hinunter. Die Grillen zirpen, die Luft flirrt, es riecht würzig – all das verströmt ein mediterranes Flair. Und wer noch Lust auf eine Verlängerung hat, wandert den Pfad schräg den Hang zurück zum Fußballplatz und erklimmt direkt gegenüber den ebenfalls mächtigen Alpinsteig – ohne Kletterer, aber mit einer ebenso herrlichen Aussicht.

Wenn man über den Alpinsteig weiterläuft, erreicht man in Eilsbrunn die urige Gaststätte Röhrl, das »älteste Wirtshaus der Welt« mit einem herrlichen Biergarten. Unbedingt einkehren!

Prösslbräu Adlersberg
Dominikanerinnen-
straße 2–3
D-93186 Pettendorf
+49 9404 1822

22 Pilgerstätte früher und heute

Prösslbräu Adlersberg im alten Dominikanerstift

Adlersberg als Flucht- und Anziehungspunkt: Früher soll es Geheimgänge im einstigen Kloster gegeben haben, die bis zur Donau hinabführten und der Flucht vor Raubrittern dienten. Heute hingegen pilgern Regensburger die andere Richtung hinauf zum Adlersberg in der Gemeinde Pettendorf. Aber der Reihe nach.

Im späten 13. Jahrhundert gründen Dominikanerinnen an diesem Standort eine Abtei, nachdem ihre bisherige Heimstatt von Raubrittern überfallen und zerstört wurde. Sie erhofften sich einen sichereren Ort und man erkennt noch heute die Wehranlage mit ihrer vollständig erhaltenen Mauer. Nach einer frühen Blüte erlebte der Konvent jedoch bald seinen Niedergang. Womöglich auch deshalb, weil 1525 eine Priorin vom Adlersberg mit einem Pater aus dem Regensburger Dominikanerkloster »durchgebrannt« sein und das Paar zugleich eine Reihe von Wertgegenständen mitgenommen haben soll. In den folgenden Jahrhunderten zogen mehrere kriegerische Auseinandersetzungen sowie Besitzerwechsel das Kloster stark in Mitleidenschaft.

Im Jahr 1838 erwarb schließlich die Familie Prößl die Abtei und richtete eine Brauerei mit angeschlossener Ausflugsgastronomie ein. Beides war derart erfolgreich, dass seitdem die Menschen zum Adlersberg hinaufpilgern. Sie genießen das Bier, insbesondere den Palmator-Bock zur Starkbierzeit ebenso wie die Küche und den herausragenden Standort. Egal, von welcher Seite man sich dem Adlersberg nähert, er ist schon von Weitem zu sehen. Es ist immer wieder ein Wohlgefühl, wenn man durch das Tor des ehemaligen Klosters tritt und sich das weitläufige Areal mit dem herrlichen Biergarten vor einem ausbreitet. Man sollte sich daher nach einer Stärkung unbedingt die Zeit nehmen, über die gesamte Anlage zu spazieren, vorbei an dem großen Zehentstadel bis zur gotischen Kirche mit ihrem weithin sichtbaren spitzen Turm.

Nur ein Kilometer weiter westlich gelangt man an die Oberkante eines Steinbruchs, wo sich ein wunderschöner Blick ins Naabtal mit dem uralten Penker Kirchlein öffnet. Parken Sie am Ende des Hardtwegs.

Kirche St. Peter
Schönberger Straße 4
D-93173 Wenzenbach
+49 9407 2558

23 Welch ein Schiffsbau!

Kirche St. Peter

St. Peter in Wenzenbach blickt auf eine kuriose Geschichte zurück. Mitte der 1990er-Jahre entschließt sich die Gemeinde ihre zu klein gewordene Kirche zugunsten eines Neubaus abzureißen. Doch dann haben die Architektenbrüder Brückner die Idee, das Gebäude stehen zu lassen und zu ergänzen. Welch ein Glück, denn nun steht in Wenzenbach eines der bewundernswertesten Gotteshäuer weit und breit! St. Peter vereint auf höchst gelungene Weise einen radikal der Moderne verpflichteten Neubau in geschichtsträchtigen Gemäuern.

Wer sich der Kirche von der Hauptstraße aus nähert, dem fällt zuerst am ursprünglichen Gebäudeteil das hervortretende avantgardistische Fenster auf. Beim Gang um das Bauwerk herum erkennt man aber, wie der jüngere Anbau aus der ursprünglichen Kirche quasi heraus wächst. Diese gesamte Komposition ist mit imposanten, etwa 15 Meter hohen Holzlamellen verkleidet. Tritt man ein paar Schritte zurück, sieht man, dass das Gotteshaus gen Norden spitz zuläuft – und steht plötzlich vor einem gewaltigen Schiffsbug!

Die Neugier ist geweckt und so betritt man die Kirche durch den Altbau, der einen Vorraum bildet. Dann »verschluckt« einen unmittelbar das tiefe Blau der modernen Wände. Die Farbe wirkt intensiv auf den Besucher und erzeugt zugleich eine harmonische, beruhigende Atmosphäre. Nach und nach bemerkt man, dass man sich in einem Schiffsbauch befindet und das gesamte Interieur – Wände, Kirchenbänke, die Decke – auf den Altarraum zuläuft. Während des Gottesdiensts versammelt sich die Gemeinde im offenen Ring um den Altar. Über diesem schwebt ein Segel, das als ein weiterer Hinweis auf den Seefahrerpatron Petrus gedeutet werden kann. Oder auf die Arche Noah. Oder auf das Weihnachtslied *Es kommt ein Schiff geladen* und damit auf Jesus' Ankunft. Ein Kirchenbau als biblisches Sinnbild!

Nur 100 Meter hinter der Kirche verläuft die ehemalige Bahntrasse Regensburg–Falkenstein. Sie ist heute ein 35 km langer Rad- und Wanderweg mit schönen Einkehrmöglichkeiten.

Walhalla
Walhallastraße 48
D-93093 Donaustauf
+49 9403 961680

Burgruine Donaustauf
Burgstraße
D-93093 Donaustauf
+49 9403 95020

24 Gedenkstätte für bedeutende Deutsche

Walhalla

Aus heutiger Sicht möchte man etwas salopp bayerisch ausstoßen: »Hund warn's scho« –König Ludwig I. und sein Architekt Leo von Klenze beim Bau der Walhalla.

Einerseits ist die Geschichte ein wenig verzwickt und überraschend: Da plant ein König jenes Bayerns, das sich wenige Jahre zuvor mit Napoleon verbündet hatte, zur Überwindung der Schmach, die ihnen genau jener Franzose zugefügt hat, einen Ehrentempel für große Deutsche. 1830 beginnt der Bau des Nationaldenkmals, das ursprünglich im Englischen Garten in München stehen sollte. Als es 1842 fertiggestellt wird, steht bei Donaustauf ein marmorner griechischer Tempel. Benannt wird die Gedenkstätte jedoch nach Walhall, dem Ruheort der Gefallenen in der nordischen Mythologie. Ludwig hat die Walhalla übrigens testamentarisch Deutschland vermacht – was aber dann nicht umgesetzt wurde, und so gehört sie heute dem Freistaat Bayern. Und so entscheidet das Bayerische Kabinett, welche Persönlichkeiten »Teutscher Zunge« »Walhallas Genossen« werden können und die bislang 130 Büsten sowie 65 Gedenktafeln ergänzen.

Andererseits ist es mit der Walhalla ganz einfach: an einem sonnigen Tag eine Decke und ein Picknick einpacken und nach Donaustauf fahren. Entweder das Auto auf dem oberen Parkplatz oder – was der eindrücklichere Weg ist – unten an der Donau stehen lassen und die 358 Stufen zum Denkmal hochsteigen. Dort angekommen, bleibt einem in jedem Fall die Spucke weg: Man schwebt förmlich über der in der Sonne glitzernden Donau, das Tal von Regensburg bis nach Straubing zu seinen Füßen. Gleich nebenan liegt der Scheuchenberg, der an einen Wal erinnert, im Hintergrund zeigt sich der Bogenberg. Man steht zwischen den gewaltigen dorischen Säulen des Tempels, staunt und genießt. Und auf den Ausblick folgt das Picknick.

Wer von Geschichte und einer herrlichen Aussicht nicht genug bekommt, sollte auch die mittelalterliche Burgruine in Donaustauf besuchen, die seit über 1.000 Jahren hier über Ort und Donautal thront und wacht.

Sankt-Wolfgangs-Eiche
Neueglofsheim
D-93107 Thalmassing
Bayerische Musikakademie
Schloss Alteglofsheim
Am Schlosshof 1
D-93087 Alteglofsheim
+49 9453 99310

25 Eine der ältesten Bayerinnen

Sankt-Wolfgangs-Eiche

Die Sankt-Wolfgangs-Eiche ist ein Methusalem. Ehrfurcht flößt sie ein, steht man vor ihr. Kein Wunder, dass die Menschen Legenden um sie gesponnen haben.

Zu finden ist der uralte Baum hinter dem idyllisch gelegenen Schloss Haus beim Thalmassinger Ortsteil Neueglofsheim. Die denkmalgeschützte Anlage mit einem mittelalterlichen Bergfried blickt ebenfalls auf eine vielhundertjährige Geschichte zurück. Wir passieren die im Privatbesitz befindliche Residenz und begeben uns auf eine schöne Allee, an deren Ende die Wolfgangs-Eiche auf einer kleinen Wiese ihre Äste in den Himmel streckt.

Einer Legende zufolge predigte bereits der heilige Wolfgang, ab 972 n. Chr. Bischof von Regensburg, unter ihrer Baumkrone. Zumindest wurde sie ihm zu Ehren an dieser Stelle gepflanzt. 1.000 Jahre zählt die Eiche wohl noch nicht, allerdings beachtliche 400 bis 600 Jahre. Damit ist sie einer der ältesten Bäume Bayerns. Das Alter ist dem Riesen anzusehen: Der mit etwa 10 Metern Umfang monumentale Stamm ist sehr unregelmäßig, innen hohl und mit starken Wucherungen an den Wurzeln versehen. Man könnte meinen, der gesamte Baum würde nur noch von der Rinde getragen. Ein waagrecht abstehender mächtiger Ast wird seit über 100 Jahren mit Holzpfosten gestützt. Zudem hat die Eiche nachweislich bereits zwei Brände überlebt – den letzten vor läppischen 110 Jahren!

Es ist gut möglich, dass sie irgendwann weiter auseinanderbricht. Daher sollten Sie die Zeit nutzen, der alten Sankt-Wolfgangs-Eiche einen Besuch abzustatten. Noch wirkt sie vital, was sich unmittelbar überträgt. Kinder werden geradezu magisch angezogen, auf ihr zu klettern. Es kann aber auch noch ein paar 100 Jahre dauern, bis sie nicht mehr ist – und das wünschen wir dem sagenumwobenen Methusalem.

Im benachbarten Alteglofsheim sollten Sie unbedingt die Musikakademie im barocken Schloss besuchen, am besten für ein Konzert der hochrangig ausgebildeten Künstler.

Burgruine Kallmünz
D-93183 Kallmünz

Zum Bürstenbinder
Am Graben 5
D-93183 Kallmünz
+49 9473 8552

26 Historische Perle des Naabtals

Burgruine

Kallmünz trägt den von Künstlern geprägten Titel »Perle des Naabtals« – und das zu Recht! Egal, von welcher Seite man sich dem Markt nähert, zuerst fällt der Blick auf den 110 Meter hohen massiven Kalkfelsen, dem Schlossberg mit der Burgruine. Darunter liegt die malerische Gemeinde im Mündungswinkel zwischen Naab und Vils.

Auf dem Spaziergang in das Dorf grüßt auf der romantischen Naabbrücke der Brückenpatron Nepomuk, auf dessen Schutz Kallmünz wegen häufigen Hochwassers leider dringend angewiesen ist. Im Ort flanieren wir durch enge mittelalterliche Gassen und können uns vor Postkartenmotiven kaum retten. Das schönste stellt das »Haus ohne Dach« dar, bei dem eine Nische im Fels unterhalb der Festung zugemauert wurde – und fertig war das Gebäude. Bis 1937 war es bewohnt, wobei der Komfort sich sicherlich in Grenzen hielt.

Wir strengen uns an und erklimmen den Burgberg über Treppenstufen, die hinter der Kirche ihren Anfang nehmen. Der Weg endet unmittelbar in der Wehrruine, deren Alter man nicht genau kennt, die aber allein durch ihre Größe beeindruckt. Tatsächlich war die Anhöhe schon vor mindestens 4.000 Jahren nachweislich besiedelt. Davon zeugen zwei Wälle, die die frühen Bewohner schützten, unter anderem wohl vor den um 1.000 v. Chr. einfallenden Ungarn. Einer der aufgeschütteten Dämme wurde nach den Feinden aus dem Osten benannt.

Wir genießen dagegen die Ruhe, setzen uns auf die Burgmauer oder eine der Bänke und erfreuen uns am Ausblick über Kallmünz, das Naabtal und die liebliche Umgebung. Wir können verstehen, weshalb dieser Platz seit nunmehr über 150 Jahren Künstler anzieht, nicht zuletzt bekannte Größen wie Gabriele Münter und Wassily Kandinsky. Ihre Bilder mit Motiven aus Kallmünz sind im Münchner Lenbachhaus zu bestaunen – aber heute bleiben wir lieber am Ort des Geschehens sitzen und lassen das Original auf uns wirken.

Unten im Ort besuchen wir unbedingt auch den *Bürstenbinder*, ein uraltes und uriges Lokal, das Spezialitäten wie »Bauchstecherla« in allen Variationen und Zoiglbier kredenzt.

Befreiungshalle Kelheim
Befreiungshallestraße 3
D-93309 Kelheim
+49 9441 682070

Einsiedelei Klösterl
Klösterlweg 1
D-93309 Kelheim
+49 9441 1745151

27 Denkmal in herrlichster Lage

Befreiungshalle

Selbst wenn einen die Kelheimer Befreiungshalle an Schul- oder Sonntagsausflüge aus der Kindheit erinnert: Sie ist immer einen Besuch wert!

Mit dem imposanten Bauwerk wollte König Ludwig I. von Bayern den Befreiungskämpfen gegen Napoleon ein Denkmal setzen. Bereits von Weitem sichtbar, überrascht es dennoch, wie groß die 1863 vollendete Halle aus nächster Nähe wirkt. Mit jedem Schritt auf das Denkmal zu, kommt man sich kleiner und kleiner vor. Man muss den Kopf immer weiter nach hinten strecken, um die gesamte Konstruktion erfassen zu können. Die schiere Dimension und die Formenstrenge des klassizistischen Baus mit den 18 riesigen Figuren, die Allegorien auf die deutschen Volksstämme darstellen, scheinen einen nahezu zu erdrücken.

Sobald man den Kuppelsaal betritt, ergreift einen ein neuerlicher Schauer. Der Raum wirkt überwältigend durch seine 45 Meter Höhe und die filigrane Kassettendecke mit dem hellen Auge in der Mitte. Der Kreis der 34 Siegesgöttinnen – jede einzelne über drei Meter groß – fasziniert ebenso wie die hervorragende Akustik, die jedes Geräusch überträgt, selbst ein Flüstern. Steigt man zur Empore hinauf, verändert sich mit jeder Stufe die Perspektive – das Staunen jedoch verschwindet nicht.

Auch auf der Außenterrasse bleibt das Gefühl, ein winziger Punkt inmitten einer übermächtigen Kulisse zu sein. Schweift der Blick in die Ferne, erkennt man, welch wohlüberlegten Standort König Ludwig für das Monument gewählt hat: Altmühl- und Donautal liegen einem zu Füßen. Dieser strategische Ort wurde bereits von den Kelten befestigt und bewohnt.

Auf dem Rückweg sollte man unbedingt an der mächtigen Kiefer Halt machen, bei der eine Schneise im Wald die schönste Aussicht in den Donaudurchbruch und zur historischen Einsiedelei Klösterl freigibt.

Wer den viertelstündigen Fußweg auf sich nimmt, die *Einsiedelei* zu besuchen, den erwarten im einstigen Franziskanerkloster eine Felsenkirche, ein herrliches Panorama und ein gut bürgerliches Wirtshaus mit lauschigem Biergarten.

Kloster Weltenburg
Asamstraße 32
D-93309 Kelheim
+49 9441 2040

28 Kulturwunder im Naturwunder

Kloster Weltenburg

Mit dem Schiff auf der Donau durch den Durchbruch bis zum Kloster Weltenburg schippern – welch ein beliebter Ausflug! Dennoch kann man jedes Mal Neues entdecken! Die Symbiose des Donaudurchbruchs als Naturwunder und der Benediktinerabtei als herausragendes Kulturphänomen ist einzigartig und facettenreich zugleich.

Die gemächliche Schifffahrt ist eine schöne Einstimmung auf den Ausflug und folgt einem großartigen Spannungsbogen. Ausgehend von Kelheim wird das Donautal bei jedem Meter stromaufwärts schmaler. Vorbei an der einstigen Franziskanerabtei *Klösterl* und bizarren Gesteinsformationen wie den Drei Feindlichen Brüdern bewegen wir uns auf den Durchbruch zu. Bei der Langen Wand schiebt sich das Schiff schwer gegen die Strömung aufwärts und scheint nun angesichts der bis zu 80 Meter hohen Felshänge winzig klein. Schließlich kommt Weltenburg in Sicht, wir legen an, und alle Passagiere strömen dem Kloster entgegen.

Das abgeschiedene Fleckchen Erde an der Donauschleife wurde bereits von Kelten und Römern besiedelt. Im 6. Jahrhundert gründeten Benediktiner eine Abtei. In der Kirche, die von den Gebrüdern Asam detailreich ausgestattet wurde, erwartet uns barocke Pracht. Ausklingen kann man den Ausflug bei einem Bier in der Klosterschenke. Danach sollte man jedoch nicht sofort wieder zurückkehren, sondern an der Donau Platz nehmen, die Füße in den Fluss stecken und ein paar Steine über das Wasser hüpfen lassen.

Den krönenden Abschluss jedoch bildet mein persönlicher Lieblingsplatz auf der anderen Seite am Nordufer. Wer mit einer der Zillen übersetzt und den kurzen steilen Weg zu den Felsen auf sich nimmt, wird mit Stille abseits von Massen und dem herrlichsten Blick auf Donau, Durchbruch und Kloster belohnt. Hierher dringt das Stimmengewirr nur noch gedämpft, ab und an ertönt das Signalhorn eines der Schiffe.

Wer gut zu Fuß ist, kann vom Aussichtspunkt gen Norden auf den Resten eines keltischen Walls laufen, durch einen herrlichen Laubwald hinüber ins Altmühltal und weiter bis nach Kelheim.

Burgruine Randeck
Randeck
D-93343 Essing

Ritterschänke
Burg Randeck
Randeck 9
D-93343 Essing
+49 9447 377

29 Über dem Tatzelwurm

Burgruine Randeck

In Essing kann ich mich nicht entscheiden: Ist die Klausenhöhle mein Lieblingsplatz, eine natürliche Karsthöhle, die sich über verschiedene Höhenlagen im Wald jenseits des Main-Donau-Kanals erstreckt? Sie lädt geradezu zum Versteck- und Räuberspielen ein, während ernsthaftere Persönlichkeiten sich ausgiebig der steinzeitlichen Vergangenheit des Ortes widmen können. Oder der Geschichte seiner Erforschung – die allerdings durch die zeitweilige Nutzung im 19. Jahrhundert als kühler Biergarten gewisse Rückschläge erfahren hatte.

Oder liegt mir die prächtige Holzbrücke über den Kanal am Herzen, die treffenderweise Tatzelwurm genannt wird? Sie schmiegt sich mit ihrer geschwungenen, schlanken Form perfekt in die Landschaft. Die Aussicht auf den kleinen Markt Essing ist zudem wundervoll: Die schmucken Häuser des Ortes lehnen sich an eine mächtige Wand aus Kalk, die über 100 Meter nahezu senkreckt emporragt.

Dort oben thront seit über 1.000 Jahren Burg Randeck und bewacht Siedlung und Flusstal. Zwar ist die Festung seit vielen Jahrzehnten zu einer Ruine verfallen, aber gut befestigt. Sie kann über eine schmale Brücke erreicht werden, einschließlich des 36 Meter hohen Bergfrieds.

Und da der Ausblick hier oben gar atemberaubend ist, habe ich meinen Lieblingsplatz erneut in luftiger Höhe gefunden! Trotz der Kerbe, die der Main-Donau-Kanal ins Altmühltal geschlagen hat, ist das Panorama malerisch. Essing mit dem Tatzelwurm liegt mir förmlich zu Füßen. Ich kann von Kelheim bis Riedenburg sehen, erkenne Schätze der Architektur wie die Befreiungshalle oder die Rosenburg. Und geht der Blick nach oben, streift er die Albhöhe und wandert weiter in die Ferne. Ich bleibe lange sitzen und entdecke immer wieder Neues.

Unmittelbar neben der Burg findet sich die Ritterschänke *Burg Randeck*, in der man die Aussicht über Altmühltal und Albhöhe bei einem Gaumenschmaus genießen kann.

Falkenhof Schloss Rosenburg
Schlossweg 7
D-93339 Riedenburg
+49 9442 2752
Burgkeller Schloss Rosenburg
Schlossweg 7
D-93339 Riedenburg
+49 9442 9219562

30 Bei den Königen der Lüfte

Schloss Rosenburg mit Falkenhof

Was zeichnet Riedenburg aus? Eigentlich die falsche Frage, denn die Stadt am Fuße der Rosenburg hat viel Besonderes und besonders Schönes zu bieten. Zunächst einmal die Lage im – trotz des Main-Donau-Kanals – idyllischen Altmühltal an der Mündung des Schambachs. Steil fallen die Hänge ab, bewachsen mit Wald oder Trockenrasen und Wacholder. Dazwischen ragen die weißen Felswände des Jurakalks empor. Des Weiteren wird der Ort von malerischen Festungen umgeben, die wie aus einem Märchenbuch wirken – darunter Burg Prunn hoch auf ihrem steilen Kalksteinfelsen und die beiden Wehrruinen Rabenstein und Tachenstein. Und dazwischen befindet er sich, mein Lieblingsplatz in Riedenburg: Schloss Rosenburg.

Auch diese Anlage liegt idyllisch an einem Hang und thront seit mehr als 800 Jahren hoch über Stadt und Täler. Und sie birgt zudem ein Juwel: den Falkenhof! Unter wissenschaftlicher Begleitung werden seltene und in der freien Natur gefährdete Greifvögel gezüchtet und zum Freiflug abgerichtet. Höhepunkt eines Besuchs sind die Flugvorführungen, die täglich zweimal angeboten werden. In aller Ruhe sitzt man rund um eine Rasenfläche und lauscht zunächst dem Vortrag der Falkner sowie den Rufen der Vögel, die auf ihren großen Auftritt warten.

Und schließlich dürfen sie loslegen, die Falken, Eulen, Milane und Bussarde – und die Beschaulichkeit ist vorüber! Voller Staunen verfolgen die Besucher die Bahnen der Vögel. Wenn die riesigen Adler und Geier knapp über ihren Köpfen kreisen, sind die Zuschauer die lautesten auf dem Platz. Sie kreischen wild, wenn der König der Lüfte mit mehreren Metern Spannweite, seinem langen spitzen Schnabel und ebenso langen und spitzen Krallen auf sie zufliegt. Aber keine Angst – alle Tiere wollen nur zu ihrer Beute bei den Falknern.

Nach der Flugschau kann man die Vögel in ihren Volieren besuchen sowie im kleinen Museum noch mehr über die Falknerei erfahren. Und im Burgkeller abschließend gut speisen.

Quelle und Obermühle Mühlbach
Obermühlenweg 3
D-92345 Dietfurt-Mühlbach
+49 8464 6426967

31 Faszination Wasser

Quelle und Obermühle Mühlbach

Wasser und seine Quellen haben Menschen schon seit jeher fasziniert. Einerseits als unabkömmliches Lebenselixier, andererseits als Mysterium, wussten sie doch lange nicht, woher das sprudelnde Nass kommt, welche Macht dahintersteckt. Diese Anziehungskräfte spürt man heute noch an der Mühlbachquelle.

Am Rand des kleinen Ortes Mühlbach, unmittelbar am Fuß eines steil abfallenden Hangs, strömen pro Sekunde etwa 300 Liter Wasser mit stets neun Grad Celsius aus unsichtbaren Löchern und Spalten am Saum eines Beckens. Dieses schimmert je nach Sonneneinstrahlung in allen möglichen Blau- und Grüntönen. Gebannt verfolgen die Augen das stetige Schäumen des Wassers, das immer ähnlich und doch nie gleich ist. Nur schwer löst sich der Blick von dem Naturschauspiel, das nahezu eine meditative, kontemplative Wirkung entfaltet.

Faszinierend ist auch die Herkunft des nassen Elements. Im Jahr 2001 gelang es einem Forscherteam, über einen 60 Meter langen Stollen zum unterirdischen Bachlauf der Quelle vorzudringen. Sie entdeckten ein riesiges Höhlensystem, das mit über acht Kilometern Länge eines der längsten in ganz Deutschland ist.

An der Oberfläche läuft der Bach bereits wenige Meter, nachdem er den Quellteich verlassen hat, über ein Wasserrad. Dieses treibt die Obermühle an, deren Geschichte sich bis ins Mittelalter zurückverfolgen lässt. Nach einer aufwendigen Renovierung bietet das unter Denkmalschutz stehende Ensemble seit 2015 einen prächtigen Anblick. Es bildet ein Paradebeispiel für die Schönheit und wertigen Merkmale der für die Region typischen Jurahäuser. Allein die Kalkplattendächer der Gebäude sind eine bauliche Attraktion.

Besuchen Sie unbedingt die Dauerausstellung *Stein.Wasser.Höhle* im liebevoll restaurierten historischen Stadel: Dort erfahren Sie alles über die Mühlbachquelle, ihr Höhlensystem und die Jurahäuser.

Benediktinerabtei Plankstetten
Klosterplatz 1
D-92334 Berching
+49 8462 2060

32 Ort der Symbiose

Benediktinerabtei Plankstetten

Mächtig erheben sich die weithin sichtbaren Türme der Abtei Plankstetten aus dem Sulztal. Überragt wird das Kloster von dem bald 900 Jahre alten Kirchenbau, der die Würde und Ruhe romanischer Bauwerke ausstrahlt. Diese zeigt sich auch im Inneren: Das sogenannte Paradies, eine Vorhalle, strahlt mit imposanten Mauern und Gewölben sowie dem beeindruckenden Portal die Erhabenheit dieser Kunst-Ära aus. Der Hauptraum wird jedoch durch die barocke Bauweise bestimmt. Nach Zerstörungen in den Bauernkriegen sowie dem Dreißigjährigen Krieg waren umfassende Sanierungs- und Neubauten erforderlich, die in der Manier der damaligen Epoche erfolgten.

Das Bemerkenswerte ist jedoch, dass die Benediktinerabtei nicht nur ein Museum ist, sondern nach wie vor Wohn- und Wirkungsstätte einer aktiven, zukunftsorientierten Ordensgemeinschaft.

Diese schottet sich nicht ab, insbesondere nicht von aktuellen Themen und den ökonomischen Veränderungen, sondern sucht geradezu die Auseinandersetzung damit. Durch die konsequente ökologische Ausrichtung seiner Wirtschaftsbetriebe hat sich Plankstetten den Ruf als nachhaltiges Kloster erworben. Die Gebäude und Gewerbe werden durch erneuerbare Energie versorgt und die Bio-Produkte des Konvents – ob Brot, Fleisch, Gemüse, Klosterbier oder Obstbrände – können im Klosterhofladen erworben werden. Das gastfreundliche Stift bietet zudem Unterkunft und Verpflegung sowie Programme zur geistlichen Einkehr, Weiterbildung und Erholung.

In ihrer Gesamtheit ist die Benediktinerabtei Plankstetten ein Ort, an dem kulturhistorische, ökologische, ökonomische sowie geistige Aspekte aufeinandertreffen und der Versuch unternommen wird, diese miteinander in Einklang zu bringen. Die umfassende Symbiose macht diesen Platz einzigartig.

Einfach hierbleiben, Zeit nehmen und die Besonderheit dieses Ortes spüren. Am besten gleich für mehrere Tage!

Altstadt Berching/Sulz
Startpunkt: Mittleres Tor
Johannesbrücke/
Pettenkoferplatz
D-92334 Berching
Tourismusbüro Berching
Pettenkoferplatz 12
D-92334 Berching
+49 8462 20513

33 Kleinod des Mittelalters

Altstadt

Eintauchen ins Mittelalter, in eine malerische Kulisse aus kleinen Fachwerk- und prächtigen Bürgerhäusern – das ist Berching. Das selbsternannte »Kleinod des Mittelalters« hat sich seinen Titel wahrlich verdient.

Die geschlossen erhaltene Stadtmauer, die teilweise noch begehbar ist, vermittelt mit ihren dreizehn Türmen bereits von Weitem eine imposante Wirkung. Schreitet man durch eines der vier mächtigen Tore bestätigt sich der Eindruck: Die Bürger wussten ihre mindestens 1.100 Jahre alte Heimat bestens zu verteidigen. Der intakte historische Kern lädt mit verwinkelten Gassen zum Schlendern ein. Weite gepflasterte Plätze, die umsäumt sind von prächtigen bunten Bürgerhäusern, unterbrechen das enge Straßensystem. Viele der Gebäude sind heute noch mit pittoresken Auslegern geschmückt, die auf das Handwerk der aktuellen oder ursprünglichen Besitzer hinweisen.

Was Berching aber auszeichnet, ist das Wasser allerorts. Die Altstadt wird im Westen vom modernen Main-Donau-Kanal und im Osten vom älteren Ludwig-Main-Donau-Kanal eingerahmt. Im Zentrum plätschern unter zahlreichen kleinen Brücken Bäche in schmalen, offenen Rinnen. Die malerischste Stelle ist jedoch das seit ein paar Jahren wieder zugängliche Sulzufer. Der beschauliche Fluss trennt den historischen Kern von der Vorstadt. Von einer Brücke aus, die die Viertel miteinander verbindet, führt ein Weg zum Fluss hinab. Über Trittsteine kann man dort die Sulz überqueren, an den flachen Stellen hineinsteigen. Diesem Vergnügen kommen viele schon bei den allerersten Sonnenstrahlen nach. Und nach dem Abkühlen wärmt man sich auf den Steinbänken wieder auf, verweilt am Wasser und genießt den Ausblick auf die schöne Stadt.

Auf der Stadtmauer kann man nicht nur entlangspazieren, sondern den Pulverturm sowie das Pettenkofer Tor im Rahmen von Ausstellungen besuchen und im Gredinger Tor sogar gemütlich übernachten.

Steinerne Rinne
Startpunkt: Am Erlenbach
(Ende der Straße)
D-92334 Berching

Taleinschnitt Sauleite
Zwei Kilometer südwestlich von
Sollngriesbach
D-92334 Berching

34 Ein Bachbett wächst nach oben

Steinerne Rinne bei Erasbach

Ein Bach, der nach oben wächst und dessen Bett von Moosen geformt wird – das ist die Steinerne Rinne!

Der heutige Landkreis Neumarkt war im Jurazeitalter von einem flachen Meer bedeckt, an dessen Grund Korallen im Laufe von Jahrmillionen mächtige Kalkbänke bildeten. Nachdem sich das Wasser zurückgezogen hatte, unterlag das Kalkgestein einer intensiven Verwitterung und Verkarstung. Im weiteren Verlauf wiederholte sich der Prozess, nachdem das Meer abermals kam und verschwand. Zudem setzten sich die Erdplatten in Bewegung, woraufhin sich die heutige Landschaft ausbildete. Berching liegt unmittelbar am Übergang vom tieferen Albvorland zu den Hochflächen der Frankenalb. Das versickernde Regenwasser löst den Kalk im Untergrund und lagert diesen beim Austritt an der Oberfläche als Kalktuff ab. Diese Gesteinsrückstände können eigenartige Formen annehmen und gerade im Raum Berching sind die Voraussetzungen dafür besonders geeignet.

Ein solches Gebilde ist die Steinerne Rinne beim Ortsteil Erasbach. Das Wasser tritt am sogenannten Franzosenbrunnen zutage. Durch das außergewöhnliche Zusammenwirken von Kalktuffgehalt, Wassertemperatur, Gefälle des Hangs und der lokalen Flora ist wenige Meter hinter der Quelle etwas Sonderbares entstanden: Plötzlich fließt das Bächlein nicht mehr in einer Furche am Boden, sondern sein Bett hebt sich etwa 80 Zentimeter in die Höhe!

Bauherren dieser erhabenen Rinne sind Algen und Moose – Erstere binden den im Wasser gelösten Kalk und Letztere fangen Algen und Kalk auf. Da die Moose jedoch durch den Kalk schnell verkrusten, wachsen sie immer weiter nach oben und zur Seite – und damit wandert die Rinne stetig in die Höhe. Wie rasch das geschieht, verdeutlicht das vergleichsweise junge Alter des Naturphänomens: Die Steinerne Rinne zählt erst etwa 60 Jahre.

Berching beherbergt noch mehr Naturwunder, wie nur 500 Meter südwestlich den Hohen Brunnen, eine Kalktuffterrasse. Solche finden sich ebenfalls bei Holnstein.

Pfarrkirche Maria Himmelfahrt
Marktplatz/
Von-Tilly-Straße
D-92363 Breitenbrunn

Wandertouren PACK.ESEL.
Wolfertshofen 11
D-92363 Breitenbrunn
+49 9495 9037936

35 Friedlich Heimat des Feldherrn

Pfarrkirche Maria Himmelfahrt mit Tilly-Monstranz

Breitenbrunn ist Idylle pur: Es liegt malerisch am Zusammenfluss von Bachhaupter und Wissinger Laaber, die ihre Täler tief in die Hochebene der Juraalb gegraben haben. Überall grünt es, hier ein Wäldchen, dort eine kleine Wiese, dazwischen rauschen die Bäche. Der Markt schmiegt sich harmonisch in die romantische Landschaft.

Wir setzen uns auf dem Weg zur Burg Breitenegg auf eine Bank oberhalb der Felsen und genießen einen Blick ins Tal und auf den gegenüberliegenden Hang. Die Wallfahrtskirche St. Sebastian sticht hervor, ein achteckiger Zentralbau mit Turm, der vis-à-vis auf einem Vorsprung thront. Zu ihren Füßen findet sich die Sebatiansquelle, deren Wasser seit dem 17. Jahrhundert heilende Wirkung zugesprochen wird.

Erste Besiedelungen in Breitenbrunn sind schon vor 1.000 v. Chr. nachweisbar. Im 9. Jahrhundert wird der Markt urkundlich erwähnt und wurde wohl bereits zu dieser Zeit von der Burg Breitenegg bewacht. 1624 schenkte Kurfürst Maximilian von Bayern die Herrschaft über die Festung und den Ort dem Grafen Tilly zum Dank für dessen Verdienste in der Katholischen Liga im Dreißigjährigen Krieg. Auch wenn Tilly wegen vieler Grausamkeiten umstritten war, so war er doch ein bedeutender Feldherr und eine prägende Figur seiner Zeit. Und obwohl er nur wenige Male in Breitenbrunn weilte, hinterließ er im Ort Spuren.

Insbesondere ist dem Heerführer zu verdanken, dass nach wie vor die *Wildensteiner Monstranz* in der hiesigen Pfarrkirche zu sehen ist. Er holte das über 500 Jahre alte gotische Kunstwerk höchster Güte und Größe (von 83 Zentimetern) mithilfe seiner Beziehungen aus der Münchener Schatzkammer der Wittelsbacher nach Breitenbrunn zurück. Zum Dank ehrt der Ort seinen bedeutendsten Bürger alljährlich mit einem großen historischen Fest.

Wer die Natur noch intensiver erleben möchte, kann vom Ortsteil Wolfertshofen eine Wanderung mit Eseln unternehmen – ein einzigartiges Erlebnis dank der wunderbaren Tiere.

Burg Parsberg
Burgstraße 24
D-92331 Parsberg
+49 9492 1505

Kaffeerösterei Parsberg
Lindlbergstraße 17
D-92331 Parsberg
+49 9492 6010068

36 Historisches modern ergänzt

Burg Parsberg

Fährt man auf der Autobahn oder mit dem Zug von Regensburg nach Neumarkt, so fallen einem auf halber Strecke in der Hochebene bewaldete Kuppen auf. Einer dieser Hügel beheimatet seit mindestens 800 Jahren, wahrscheinlich aber noch länger, eine Festung, die seit dieser Zeit die Umgebung dominiert: Burg Parsberg. Das Areal, bestehend aus Bergfried, Gärten, Schlossanlage und Kirche, bildet das Herzstück der gleichnamigen Stadt.

Der erste Bau wurde bereits 1314 zerstört, nur noch Mauerreste sind davon erhalten. Heute stehen an dessen Stelle zwei Kastelle, die beide aus der Zeit um 1600 stammen. Die Obere Burg prägt mit ihren beiden charakteristischen Zwiebeltürmen das Ortsbild.

Sie wurde in den vergangenen Jahren aufwendig saniert und durch einen gelungenen modernen Anbau ergänzt, ohne dass der ursprüngliche Charakter verlorenging. Der Neubau wurde bewusst niedrig gehalten, um sich harmonisch in das abgestufte Gebäudeensemble unterhalb des Burgfrieds zu fügen. Seine Nebenräume schmiegen sich an die Rundung des Bergmassivs. Ein großes Fenster öffnet den Gemeindesaal auch für die Betrachter von außen. Davor wurde eine Freifläche geschaffen, die zum Ausblick auf das geschichtsträchtige Areal und die Stadt unterhalb einlädt. Zudem wurden die mehrstöckigen Keller wieder zugänglich gemacht. Der einst verfüllte Burggraben sowie die darüberliegende geziegelte Tonnengewölbe wurden als Veranstaltungsorte hergerichtet. Die zwei »Erd«-Geschosse sind durch einen Steg und eine Treppe mit den lauschigen Terrassen am Kirchhof verbunden.

Das gesamte Ensemble weckt Entdeckerfreuden, die uns abschließend in das informative Museum in der Unteren Burg führen.

Wer Kaffee nicht abgeneigt ist, sollte in der Parsberger Kaffeerösterei vorbeischauen beziehungsweise seiner Nase folgen: Schon von außen ist der unwiderstehliche Duft zu riechen!

König-Otto-Tropfsteinhöhle
St. Colomann
D-92355 Velburg
+49 9182 446

Hohlloch bei Velburg
St. Wolfgang 5
D-92355 Velburg

37 Magische Unterwelt

König-Otto-Tropfsteinhöhle

Als der Schäfer Peter Federl am 30. September 1895, am Namenstag König Ottos, in der Nähe des Weilers St. Colomann einem Fuchs folgte, der in einem Felsspalt verschwand, hoffte er wohl, etwas zu finden. Aber er ahnte nicht, dass er eine der bedeutendsten Höhlen der Region aufspüren würde, die bald zur Touristenattraktion werden sollte. Am 2. Dezember 1972 gelang eine weitere Entdeckung, als eine Gruppe Forscher nach mehrjährigen Grabungen in eine große Grotte mit einer Vielzahl von Tropfsteinformationen vorstieß. Auch dieser Teil des unterirdischen Systems ist nach dem Tag benannt, an dem er gefunden wurde: Adventhalle.

Die König-Otto-Tropfsteinhöhle misst eine Gesamtlänge von 450 Metern, davon können heute 270 im Rahmen von Führungen besichtigt werden. Besucher erwartet eine Welt aus mysteriösen Gesteinsgebilden, die die Natur über Millionen von Jahren geschaffen hat. Im ersten Raum, der Königsgrotte, finden sich zahlreiche niedrige, haubenförmige Stalagmiten mit aussagekräftigen Namen wie Buddha oder Eremit. In der nachfolgenden Niederwaldgrotte wachsen unterschiedlich gefärbte Sinterröhrchen von der niedrigen Decke herab. Im Anschluss erreicht man den »Märchenwald«, bestehend aus vermeintlich knorrigen alten Stämmen, die tatsächlich Stalagnate darstellen, bei denen Stalaktiten und Stalagmiten zusammengewachsen sind.

Über einen längeren Gang gelangt man letztlich in die Adventhalle, die zu den schönsten Höhlenräumen Deutschlands zählt. Sie ist über und über gefüllt mit Tropfsteingebilden, teilweise exzentrisch verformt, die der Fantasie freien Lauf lassen.

Wenn man kurz danach wieder ins Freie tritt, kann man kaum glauben, dass sich all das eben Gesehene hier unter dem Fels befindet.

Eine ebenfalls höchst interessante Höhle findet sich nur einen Kilometer südlich: das Hohlloch, eine riesige Grotte. Sie punktet mit herrlicher Aussicht und einem eigenen Fest, zu dem jedes Jahr die Menschen der Region strömen.

Juradistl-Landschaftskino Hilzhofen
D-92367 Pilsach

Landgasthof Meier
Hilzhofen 18
D-92367 Pilsach
+49 9186 237

38 Ein Kassenschlager!

Juradistl-Landschaftskino Hilzhofen

Ein Kino ohne Öffnungszeiten, weil es unter freiem Himmel steht. Ein Kino ohne Leinwand, weil die Landschaft der Film ist. Ein Kino ohne Wiederholungen, weil die Natur sich ständig verändert. Das ist das Juradistl-Landschaftskino bei Hilzhofen.

Ein kurzer Holztunnel markiert den Eingang. Geht der Gast hindurch, eröffnet sich am Ende ein Blick in die Juralandschaft mit ihren markanten Kuppen. 25 Kinosessel – in diesem Fall fest montierte, wetterfeste Klappstühle – im Halbkreis angeordnet, laden ein, Platz zu nehmen und den Film zu genießen. Das Anliegen des Landschaftspflegeverbands Neumarkt, des Initiators des Projekts, war es, eine andere Art der Pausenstation für Spaziergänger und Naturliebhaber zu schaffen. Und das ist absolut gelungen!

Bei meinem ersten Besuch war es brütend heiß. Die Luft flimmerte, es roch würzig nach Gräsern und Kräutern, die Grillen zirpten – als wäre ich am Mittelmeer. Ich trete ins Kino ein, der Film läuft schon. Mein Blick fällt als Erstes auf den benachbarten Schanzberg, eine felsdurchsetzte Anhöhe, gespickt mit Wacholderbüschen – das ist doch die Toskana, oder? Nein, ich bin nach wie vor in der Oberpfalz. Das Landschaftsbild ist beeindruckend: Äcker, Wiesen, Hecken und Gehölze im Wechsel bis zum Horizont.

Ich setze mich in die erste Reihe und genieße die Ruhe. Je länger ich die Umgebung betrachte, umso mehr entdeckt mein Auge. Die vielen bewaldeten, fast kreisrunden Kuppen der Albhochfläche erinnern ein wenig an flache Vulkankegel. Sie sind allerdings nicht durch vulkanische Aktivitäten entstanden, sondern durch Erosion. Ich beschließe, bis zum Abspann zu bleiben …

Nach dem Kino unbedingt im Landgasthof Meier in Hilzhofen einkehren: hervorragende Küche in wundervollem Ambiente, geschmackvoll restaurierter Altbau, gelungene moderne Anbauten und herrlicher Biergarten.

Museum Lothar Fischer
Weiherstraße 7a
D-92318 Neumarkt
i. d. Oberpfalz
+49 9181 510348
Pfalzgrafenschloss und
Reitstadel: Residenzplatz
Hofkirche: Hofplan 3
D-92318 Neumarkt i. d. Oberpfalz
MUSEUM LOTHAR FISCHER

39 Moderner Kontrapunkt

Stadtpark mit Museum Lothar Fischer

Wussten Sie, dass Neumarkt im 15. und 16. Jahrhundert die Hauptstadt der Oberen Pfalz war? Wenn nicht, dann sollten Sie unbedingt ihr Wissen auffrischen und die Stadt besuchen. Der quicklebendige Ort erstrahlt mit zahlreichen Bauten noch im Glanz der Wittelsbacher Ära: allen voran das ehemalige Pfalzgrafenschloss (heute das Amtsgericht), das Rathaus, eine Reihe von Kirchen und Klöstern sowie der prächtige lang gestreckte Marktplatz.

Das rund angeordnete historische Zentrum ist von einem Grüngürtel umgeben, dem ehemaligen Stadtgraben, an dem man heute entlangspazieren kann. Hinter dem Pfalzgrafenschloss geht die Grünfläche in den Stadtpark über. Dieser umfasst den ehemaligen Schlossweiher, der im 15. Jahrhundert als Fischteich zur Bereicherung der herrschaftlichen Küche angelegt wurde.

Was den geschichtsträchtigen Park allerdings zu einem Lieblingsplatz macht, ist ein Objekt zeitgenössischer Architektur: das 2004 eröffnete *Museum Lothar Fischer*. Das markant gestaltete Gebäude in strahlendem Weiß fügt sich auch und gerade als moderner Kontrastpunkt in die historische Umgebung ein. Das Museum wirkt aber in seiner Geradlinigkeit nicht abgrenzend, sondern ermöglicht Einblicke von außen und öffnet sich damit dem Betrachter. Große Fensterflächen lassen Licht einfallen. Zudem bildet die in Rot gehaltene Eingangstür einen intensiven, augenfälligen Gegensatz zur weißen Fassade.

Im Inneren hält sich die Architektur wohltuend zurück und lässt der Kunst den Vortritt. Diese stammt vom Bildhauer und Maler Lothar Fischer sowie von der Künstlergruppe *Spur*, die sich ab 1958 der Avantgarde widmete. Gibt man den nicht immer unmittelbar zugänglichen Werken ein wenig Zeit, so wirken sie in einer gelungene Symbiose mit dem Gebäude sowie der Umgebung.

Nach der Moderne darf man sich durchaus etwas Historisches »gönnen« und sollte durch den Park zum Pfalzgrafenschloss, der Hofkirche und dem ehemaligen Reitstadel mitten ins 16. Jahrhundert spazieren.

Fledermaus-Haus Hohenburg
Marktplatz 32
D-92277 Hohenburg

Hammermühle Hohenburg
Hammermühlstraße 32
D-92277 Hohenburg
+49 9626 929853

40 In der bayerischen Toskana

Fledermaus-Haus

Den Fledermäusen auf der Spur in der bayerischen Toskana. Das Lauterachtal mit seinen säulenartigen Wacholderbüschen, dem Duft des wilden Thymians und dem nahezu mediterranen Klima hat es in sich: Über 160 seltene, gefährdete Pflanzen- und Tierarten konnten bisher in der Region gezählt werden.

Die Natur des Tals wirkt ursprünglich, die Landschaft entstand aber durch menschlichen Einfluss. Der mittelalterliche Erzbergbau in der Gegend hatte einen enormen Holzbedarf zur Folge. Ganze Wälder wurden dafür gerodet. Wertvolle Bodenkrume ging durch Erosion und Auswaschung verloren. Die der Sonne und Trockenheit ausgesetzten Hänge wurden Standort für Pflanzen, die an die Nährstoff- und Wasserarmut angepasst sind. Die entstandenen waldfreien Gebiete dienten vielerorts bis ins 20. Jahrhundert als Weiden für Rinder, Schafe und Ziegen. Heute arbeiten Gemeinden, Landwirte und Naturschützer gemeinsam daran, diese wunderbare Kulturlandschaft zu erhalten.

Genau in der Mitte des Lauterachtals liegt der beschauliche Markt Hohenburg. Dort sollten Sie unbedingt am Markplatz das schöne Ensemble an Bürgerhäusern mit dem herausragenden schwarzen Rathaus aufsuchen. Einen außergewöhnlichen Schatz hütet jedoch das Gebäude mit der Nummer 32: das Fledermaus-Haus. Sein Name rührt von seinen Bewohnern her, den Großen Hufeisennasen. 1992 wurde die seltene Fledermausart in dem alten Fachwerkstadel entdeckt – eine zoologische Sensation. Alljährlich kommen hier Hufeisennasenmütter zusammen, um ihre Jungen sicher zur Welt zu bringen und aufzuziehen.

Die Kolonie der Großen Hufeisennase in Hohenburg gilt als die letzte in ganz Deutschland. Ihrer Geschichte und ihrem Erhalt, der erst durch die Zusammenarbeit vieler Hohenburger möglich wurde, muss man unbedingt vor Ort nachspüren.

Das Lauterachtal kann man auch schmecken – am besten in der Hammermühle: wunderbare Gerichte mit biologisch hergestellten Produkten der Region in historischem Ambiente.

Klosterburg Kastl
Klosterburg 2
D-92280 Kastl

Golfclub Lauterhofen
Ruppertslohe 18
D-92283 Lauterhofen
+49 9186 1574

41 Die Tote im Paradies

Klosterburg Kastl

Bereits bei der Fahrt durch das Lauterachtal nach Kastl sieht man über dem Ort eine Wehranlage auf einem Fels thronen, um den sich die Häuser des Ortes eng gruppieren: die Klosterburg.

Benediktiner gründeten vor über 900 Jahren in der bestehenden Festung eine Abtei, die bald zu den mächtigsten des gesamten Heiligen Römischen Reichs Deutscher Nation zählen sollte. Der Komplex zeugt noch heute von dieser großen Geschichte, insbesondere die an Kunstschätzen reiche romanische Kirche. Sie beeindruckt mit mächtigen Säulen, einem gotischen Gewölbe sowie einem meisterhaften Fries mit den Wappen verschiedener Adelshäuser.

Und noch etwas hinterlässt starken Eindruck, wenn auch aus heutiger Sicht mit einem gewissen Schauer verbunden: In der Vorhalle der Kirche, dem Paradies, ist in einem Schränkchen eine kleine Mumie zu sehen. Es handelt sich um Prinzessin Anna, die Anfang 1319 in Begleitung ihres Vaters, des damaligen Königs und späteren Kaisers Ludwig von Bayern, in Kastl weilte. Sie litt an einer schweren Erkältung und verstarb am 29. Januar im zweiten Lebensjahr. Sie wurde daraufhin einbalsamiert, im Kloster bestattet und später ihr mumifizierter Leichnam in einem Eichenschrank aufbewahrt. Noch heute staunt die Fachwelt über die damalige Präparationskunst der Mönche, denn der leblose Körper hat die Zeit überdauert und wird mittlerweile in einer speziellen Vitrine für die kommenden Jahrhunderte geschützt.

Heute ist die Klosterburg eine Bildungsstätte: Nachdem sie 50 Jahre lang das ungarische Gymnasium beheimatet hatte, beherbergt sie nun eine Hochschule. Studenten dürfen täglich den Ausblick ins Lauterachtal mit seinen engen Hängen und ausgedehnten Wäldern genießen. Ich werde da schon ein wenig neidisch …

Lust auf moderne Kunst in der Natur? Ein paar Kilometer talaufwärts beim *Golfclub Lauterhofen* finden Sie architektonische Kleinode. Insbesondere die »WC-Häusl« haben es in sich!

Planetarium und Sternwarte Ursensollen
Allmannsberger Weg 20
D-92289 Ursensollen
+49 9628 9297692
Gasthof Erlhof
Laurentiusstraße 9
D-92289 Ursensollen-Erlheim
+49 9628 273

42 Sterne im Überfluss

Planetarium und Sternwarte

Zu Fuß zu den Sternen sind es nur wenige Meter in Ursensollen: Vom Parkplatz am Ortsrand ist es ein kurzer Spaziergang zu einem modernen Gebäude, ganz aus heimischem Holz errichtet, das gleich zwei Besonderheiten birgt: Zum einen eine hervorragend ausgestattete Sternwarte, die nicht zufällig bei Ursensollen angesiedelt wurde. Denn durch den umgebenden Naturpark Hirschwald, ein großes zusammenhängendes Waldgebiet, gibt es hier kaum Lichtverschmutzung und damit ist Ursensollen einer der dunkelsten Orte Bayerns. Schon mit bloßem Auge erscheint einem der Sternenhimmel mit dem Band der Milchstraße zum Greifen nah.

Wir betreten das Gebäude, um seine andere Besonderheit zu erleben: Hier befindet sich seit wenigen Jahren ein Planetarium. Und zwar nicht nur ein beliebiges, sondern das erste und bisher einzige 3-D-Planetarium in Bayern. In einer futuristisch anmutenden, 6,6 Meter großen Kuppel können bis zu 30 Besucher Platz nehmen und sich auf eine ausgedehnte Reise begeben. In etwa halbstündigen Filmen »fliegt« man zum Mond, zur Sonne, zu weit entfernten Galaxien oder gar zum Ursprung unseres Weltalls. Auch Raumstationen oder andere Sterne sind mögliche Ziele. Aufgrund der aufwändigen und modernsten Projektionssysteme nimmt einen diese Reise in jedem Fall vollständig ein.

Nach der »Landung« brauchen wir einen Moment, um wieder in der irdenen Realität anzukommen. Im Anschluss geht es direkt in die Sternwarte, wo wir unsere Expedition ins All »in echt« nachvollziehen. Zwar mit so unendlich viel mehr Abstand, aber dank der hier ebenso modernsten Technik und dem klaren Himmel führt auch diese Reise sehr weit.

Zurück davon sind wir erfüllt von den unbegreiflichen Dimensionen, der Erhabenheit des Himmels und fühlen uns im Vergleich dazu ganz klein.

Wer nach diesem Ausflug in ferne Galaxien eine irdische Stärkung benötigt, dem empfiehlt sich der Gasthof Erlhof im benachbarten Erlheim. Berühmt sind hier vor allem die Windbeutel und der hauseigene Zoigl!

Norissteig
Startpunkt:
Wanderparkplatz beim
Gasthof Goldener Hirsch
Hirschbacher Dorfplatz 1
D-92275 Hirschbach
+49 9152 986300

Hammerschloss Hirschbach
Hammerhof 1
D-92275 Hirschbach

43 Unterwegs auf Stahlstiften

Klettern am Norissteig

Ein Klettersteig im Oberpfälzer Jura – wie soll das funktionieren? Bereits bei der Anfahrt verflüchtigt sich das Fragezeichen; ich genieße die herrliche Landschaft mit ihren Feldern, Wiesen und malerischen Dörfern samt Kirchtürmen und Fachwerkhäusern. Aus den Wäldern ragen die ersten Felsspitzen empor, die sich bald zu gewaltigen Wänden auftürmen.

Bei der Ankunft in Hirschbach überlege ich kurz, ob ich nicht doch aufs Klettern verzichte, um einen der vielen Wanderwege einzuschlagen. Vor allem der Höhlenrundweg, der auf 15 Kilometern zu sage und schreibe 30 Felshohlräumen führt, klingt verlockend. Doch den hebe ich mir für das nächste Mal auf, zumal ich auf meiner geplanten Tour ebenfalls auf Höhlen treffen soll! Zudem sind wunderbare Naturerlebnisse garantiert, so erspähe ich den seltenen Frauenschuh, der ungestört am Straßenrand wächst.

Gleich zu Beginn des Norissteigs muss ich mich aber konzentrieren, denn der Weg führt in einem Kamin senkrecht nach oben. Kurz darauf folgt mit dem Norisbrett eine Schlüsselstelle, wo ich fünf Meter über dem Boden eine glatte Wand auf Trittstiften quere. Damit ist das Geheimnis des Steigs gelüftet: Er führt nicht nur senkrecht und weit hinauf, sondern quert die Felswände in luftiger Höhe. Dazwischen kann man sich auf kurzen Wanderungen erholen, die etwa durch das Noristörl, einen natürlichen Felsbogen, führen. Im Anschluss an dieses wartet gleich eine weitere Herausforderung: Ich steige von oben in die Amtsknechtshöhle hinab und durch ein Fenster an der Rückwand des Hohlraums wieder ins Freie.

Und schließlich folgt die fast 30 Meter hohe weiße Mittelbergwand. Viele Kletterer versuchen sich an einer der rund 60 Routen, die diesen Fels hinaufführen und mit einfachen bis zu den höchsten Schwierigkeitsstufen jedermann den Aufstieg ermöglichen. Ich verschnaufe derweil – und freue mich schon auf den benachbarten Höhenglückssteig.

Im Ort noch einen Blick auf das Hammerschloss werfen: ein schmucker dreigeschossiger Fachwerkbau, der über 500 Jahre alt ist und nach aufwendiger Sanierung repräsentativ das Ortsbild prägt.

Romanische Burgkapelle Breitenstein
92281 Breitenstein

Ossinger Hütte
Bischofreuth
92281 Königstein
+49 177 2869088

44 Unschätzbare Überraschungen

Höhlen und Burgkapelle Breitenstein

Das Wahrzeichen Königsteins ist der Ossinger, der sich mit seinen 653 Metern als zweithöchster Berg des Oberpfälzer Jura in Ortsnähe erhebt. Königstein ist für mich jedoch vor allem das Kleinod der (Oberpfälzer) Fränkischen Schweiz, das so manche Überraschung birgt.

Ganz in der Nähe des Ortes, aber bestens versteckt im Wald zwischen hoch aufragenden Felsen, findet sich eine Höhle – das Kühloch. Bereits in der Steinzeit lebten hier Menschen, und es ist die älteste bekannte Wohnstätte in der gesamten Oberpfalz. Zuvor sollen sogar Höhlenbären darin gehaust haben! Ihren Namen erhielt das Kühloch allerdings erst später: Während der Kriege der Neuzeit versteckten die Königsteiner Bauern im Felsraum ihr Vieh. Auch eine andere Höhle verdankt ihren Namen der Geschichte: Die *Breitensteiner Bäuerin* ist benannt nach einer solchen, die der Sage nach wegen ihres Geizes und ihrer Hartherzigkeit nach ihrem Tod im Jahr 1729 in einen Raben verwandelt und in das nachtschwarze Gesteinsloch verbannt wurde. Noch heute soll ihr Geist dort spuken!

Mein Lieblingsplatz in Königstein ist die Breitensteiner Burgkapelle. Sie erhebt sich auf einem steilen Felsbalkon stolz über der Umgebung. Sie bildet den Rest von zwei Festungen, die an dieser Stelle ab dem 13. Jahrhundert standen. Ursprünglich sollte ein Tor mit Kapelle der Burg Altbreitenstein, die nur über eine Brücke erreichbar war, als Schutz dienen. Später wurde das Untergeschoss so umgebaut, dass sich heute zwei Gotteshäuser übereinander befinden. Breitenstein ist damit die einzige romanische Doppelkapelle weit und breit. Doch vor allem die Lage macht die Burgkapelle so besonders: Erhaben liegt sie über der lieblichen Landschaft, wirkt beinahe wie eine Einsiedelei, vor allem wenn in der Sommerhitze nur noch das Zirpen der Grillen zu hören ist.

Wer am Wochenende zum Ossinger hochmarschiert, sollte die urige Ossinger Hütte besuchen, eine richtige Berghütte mit herrlicher Atmosphäre.

Schlackenberg Infozentrum
Erzhausstraße 12
D-92237 Sulzbach-Rosenberg

Sieben Quellen
Ausganspunkt:
Gasthaus Zu den sieben Quellen
Rieglesbrunnenstraße 31
D-92237 Sulzbach-Rosenberg
+49 9661 6495

45 Wüstenlandschaft auf Altlast

Industriedenkmal Schlackenberg

Die Luft ist heiß, der stetig wehende Wind wirbelt Staub auf, die Grillen zirpen; kein Baum, kein Busch, der uns Schatten spendet. Eine faszinierende wüstenartige Landschaft mit einer höchst interessanten Geschichte – das ist der Schlackenberg bei Sulzbach-Rosenberg.

Nachdem das Stahlwerk Maxhütte im Jahr 1863 gegründet worden war, schrieb der Ort ein bedeutendes Kapitel deutscher Industriegeschichte. Grundlage bildeten seine reichen Erzvorkommen, die durch ihren hohen Eisengehalt zu den wertvollsten in Deutschland zählten. Dies war schon im 14. Jahrhundert bekannt, weswegen die Oberpfalz auch als »Ruhrgebiet des Mittelalters« bezeichnet wird.

Von 1893 bis zum Betriebsende der Maxhütte 2002 wurden die Produktionsrückstände auf den sogenannten »Schlackenberg« transportiert und abgelagert. Es entstand ein riesiger Schutthaufen, der für die Umwelt zur Gefahr wurde. Staubverwehungen, Grundwasserbelastungen, ölhaltige Schlammteiche sowie Standsicherheitsprobleme machten eine aufwendige Sanierung unumgänglich. Aber da die Anhöhe sich auch zur Heimat von Tieren und Pflanzen entwickelt hatte, wollte man deren Lebensraum erhalten.

Nach enormen finanziellen und organisatorischen Anstrengungen sind heute die Ziele erreicht und alle Beteiligten zufrieden. Aus dem Schlackenberg ist nunmehr ein grüner Hügel mit sanften Neigungen und drei markanten Erhebungen geworden. Ein Infozentrum direkt unterhalb des Gipfels bietet neben einem beeindruckenden Blick auf die Reste der Maxhütte eine Dauerausstellung mit anschaulichem Hintergrundwissen zur Geschichte und Sanierung des Berges. Unmittelbar daneben dürfen wir heute den Hochzeitsflug des Schwalbenschwanzes bestaunen, des größten und prächtigsten heimischen Schmetterlings.

Nur wenige 100 Meter vom Industriedenkmal entfernt findet man ursprüngliche Naturlandschaft: Bei den *Sieben Quellen* sprudelt klares Quellwasser aus den Felsen direkt neben dem Wanderweg.

Marktplatz
D-92224 Amberg

Wallfahrtskirche
Maria Hilf
Auf dem Mariahilfberg 3
D-92224 Amberg
+49 9621 376060

46 Prächtiges Mittelalter

Spaziergang zum Marktplatz

Wussten Sie, dass Amberg zu den besterhaltenen mittelalterlichen Stadtanlagen Europas zählt? Und dass es rund 1.000 Jahre alt ist? Bereits 1034 wurde die Stadt erstmals urkundlich erwähnt.

Der Ort erlangte schon früh große Bedeutung als Warenumschlagsplatz, da er am Knotenpunkt wichtiger Handelsstraßen und der schiffbaren Vils lag. Und vor allem ließ das Geschäft mit dem in der Region abgebauten Erz und dem daraus gewonnenen Eisen die Siedlung prosperieren. Sie bildete das Zentrum der Oberpfalz als »Ruhrgebiet des Mittelalters«. So war es wenig verwunderlich, dass Amberg zur Hauptstadt der »Oberen Pfalz« auserkoren wurde und dies, mit Unterbrechungen, für mehrere Jahrhunderte auch blieb.

Sowohl der Reichtum der Bürger als auch ihr Stolz ist heute noch im Stadtbild zu erkennen. Die Häuser, nicht nur an den Hauptstraßen, präsentieren sich mit aufwendiger Architektur, Fassadenzier oder leuchtenden Farben. Inmitten der Gassen taucht immer wieder eine Kirche oder ein markantes historisches Gebäude auf. Beim Gang entlang der Vils fühlt man sich an Venedig erinnert; die Gebäude scheinen im Wasser zu stehen, umgeben von kleineren und größeren Brücken über den Fluss. Insbesondere die doppelbögige Brille an der östlichen Stadtmauer, die sogenannte Stadtbrille, ist ein wahres Juwel der Architektur.

Wir lassen uns nach dem Spaziergang am schönsten der zahlreichen Plätze nieder: dem Marktplatz mit dem prächtigen Ensemble an Bürgerhäusern, der riesigen gotischen Basilika St. Georg sowie dem ebenfalls gotischen Rathaus mit seinem schmucken Treppentürmchen. Wir haben die Qual der Wahl: Die Cafés und Gaststätten rundherum locken – wer könnte ihren Rufen widerstehen?

Der beste Ausblick auf die Altstadt öffnet sich auf dem Mariahilfberg: Hoch über dem Ort thront an dieser Stelle die prächtige Barockkirche Maria Hilf, die Wallfahrer und Besucher zu jeder Jahreszeit anzieht.

Luftmuseum Amberg
Eichenforstgäßchen 12
D-92224 Amberg
+49 9621 420883

Glaskathedrale
Kristall-Glasfabrik Amberg GmbH
Rosenthalstraße 12
D-92224 Amberg

47 Ausstellung mit Esprit

Luftmuseum

Luft nennt man das Gasgemisch, das hauptsächlich aus Stickstoff und Sauerstoff besteht. Es ist für die Menschen überlebensnotwendig, aber gleichwohl unscheinbar, da weder zu sehen, zu riechen noch zu schmecken. Und trotzdem soll es über dieses Element ein Museum geben? Ja, das erste und bislang weltweit einzige Luftmuseum verspricht in Amberg eine Ausstellung zum Anschauen, Hören, Fühlen, Begreifen, Wahrnehmen. Das klingt erstmal … nun ja, sagen wir: spannend – aber es stimmt! Überzeugen Sie sich selbst!

Jeder hat schon vom Fliegenden Teppich gehört – in Amberg kann man ihn sehen! Zwar ist das Mitfliegen (leider) nicht möglich, aber immerhin darf man den Teppich zum Fliegen bringen. Wer bisher noch keine Luftdusche genossen hat, kann sich hier unter eine stellen und den Staub des Alltags wegpusten lassen. Ebenso interessant wie amüsant ist die Sammlung an Bläsern und Saugern, die auf den ersten Blick recht normal aussehen. Beim näheren Betrachten wundert man sich jedoch: Wer hat denn schon einen Egobläser gesehen, der sich selbst aufplustert? Oder den etwas traurig anmutenden Trichterbläser, der gleichzeitig ansaugt und alles Eingesaugte sofort wieder davon pustet? Und wo kann man sonst zwei (womöglich schwer) verliebte Laubbläser in aller Stille beobachten?

In der Amberger Ausstellung gibt es reichlich Kurioses und Lustiges zu entdecken, wie etwa eine Plastiktütenorgel, einen Herbststurm hinter Glas oder eine riesige Rohrpost, der man auf ihrer luftgestützten Fahrt folgen kann. Die Sammlung ist zudem in einem reizenden mittelalterlichen Gebäude untergebracht, das einst passenderweise »Engelsburg« hieß. Nach derart vielfältigem Wissen muss man am Ende aber leider wieder hinaus – an die frische Luft!

Ein weiterer Kunstgenuss ist die Amberger Glaskathedrale: Sie fungiert als schlichte Fabrikhalle, ist jedoch dank Bauhaus-Architekt Walter Gropius eine architektonische Meisterleistung aus Beton und Glas!

Freizeitpark Monte Kaolino
Wolfgang-Droßbach-
Straße 114
D-92242 Hirschau
+49 9622 81502

48 Der größte Sandhaufen

Freizeitpark Monte Kaolino

Ein Sandhaufen – na und? Ja, ein Sandhaufen – aber was für einer! Der Monte Kaolino ist eine Abraumhalde, 120 Meter hoch und bestehend aus etwa 35 Millionen Tonnen weißem Quarzsand aus den benachbarten Kaolingruben. Diese Halde beeindruckt jedoch wahrlich, wie sie von Weitem emporragt und sich aus der Nähe als gewaltiger Berg präsentiert. Da will man nur noch eins: hinauf!

Den bequemen Weg ermöglicht der Aufzug: Eine Standseilbahn bringt die Menschen seit Jahrzehnten verlässlich zum Gipfel! Die ursprüngliche und intensive Variante, den Monte Kaolino zu erschließen, ist jedoch der Anstieg zu Fuß – und eine echte Herausforderung! Jeden Schritt, den man im Sand mühsam nach oben macht, rutscht man sofort um mindestens die Hälfte der Distanz wieder nach unten. Ab einer gewissen Höhe hängen alle Besucher an einem dicken Seil, das am Wegesrand gespannt ist und an dem man sich hinaufziehen kann.

Auf dem Gipfel wird die Mühe mehrfach entschädigt: Schaut man auf das vor einigen Jahren neu gestaltete Dünenbad, meint man eine blaue Lagune am karibischen Sandstrand zu sehen. Auf der anderen Seite der Anhöhe fällt der Blick auf die schneeweißen Kaolingruben, die zu Bayerns schönsten Geotopen zählen. Das Panorama mit den kleinen Städten Hirschau und Schnaittenbach inmitten der hügeligen Landschaft ist einzigartig. Doch das absolute Highlight ist der Rückweg nach unten: Die einen nehmen Skier, ein Snowboard oder einen rodelähnlichen Untersatz und ziehen eine Staubwolke hinter sich. Alle anderen belohnen sich mit einem nunmehr federleichten Abstieg zu Fuß. Viele gehen dabei ins Laufen über, ins Springen oder gar Hinabkugeln. Egal auf welche Weise: Unten angekommen, schütteln sich alle den Sand aus Kleidern und Schuhen – und strahlen übers ganze Gesicht.

Am Monte Kaolino kann man zudem Klettern, Rodeln, Skaten, Schwimmen – kurz: An diesem Platz muss man sich einfach bewegen! Sogar der Campingplatz besticht durch besonderen Charme.

Burg Leuchtenberg
Burgweg
D-92705 Leuchtenberg
+49 175 3341263
Kalter Baum
Kaltenbaum 4
D-92648 Vohenstrauß

49 Uralte Originalkulisse

Burgruine Leuchtenberg

Lange hat es gedauert, bis ich das erste Mal die Burg Leuchtenberg besucht habe. Dafür war es ein besonderes Erlebnis. So oft schon war mein Blick auf die Festung gefallen; bei Fahrten in die nördliche und östliche Oberpfalz grüßte sie stets von ihrem 585 Meter hohen Thron. An einem heißen Tag in einem trockenen Sommer war es schließlich so weit: Ich machte ihr meine Aufwartung.

Eigentlich wäre es bei der brütenden Hitze um die Mittagszeit klüger gewesen, das tief eingeschnittene Lerautal aufzusuchen. Nur wenige 100 Meter unterhalb des Burgbergs bieten Bäume Schatten und die Lerau eine angenehme Kühlung. Doch ich wollte endlich die Burg besichtigen, die größte und besterhaltene der gesamten Oberpfalz. Und es wurde wahrlich ein Ausflug ins Mittelalter.

Kein Mensch ist auf der Straße. Selbst die Vögel schweigen bei den drückenden Temperaturen. Ich erreiche die Wehranlage auf staubigen Wegen, die über vertrocknete Grasflächen führen. Durch das quietschende Eisentor gehe ich hinein, hindurch zwischen mächtigen Mauern, die vom Reichtum und der Macht der Leuchtenberger zeugen. Die Adelsfamilie herrschte im 12. Jahrhundert über die Region. Den Ursprung der Festung vermutet man bereits im 10. oder 11. Jahrhundert. Mit dem Niedergang des Geschlechts der Leuchtenberger Mitte des 17. Jahrhunderts verlor auch die Anlage an Bedeutung. Trotz dem sie 1842 einem Brand zum Opfer fiel, ist sie in einem beeindruckend gut erhaltenen Zustand.

Ich bin heute der einzige Besucher, ungestört tauche ich in vergangene Zeiten ein. Etwas Abkühlung spenden mir die schöne Burgkapelle und der Faulturm, dessen Name ein »dezenter« Hinweis auf seine frühere Funktion als Verlies ist. Schließlich gehe ich hinauf in die pralle Sonne auf den Bergfried, der alles überragt – und zu meinen Füßen erstreckt sich wie einst das ganze Land vom Fichtelgebirge bis zum Bayerischen Wald.

Das im Osten liegende Kaltenbaum macht seinem Namen alle Ehre: Im Ort pfeift oft der Wind um eine mehrere 100 Jahre alte Linde, um die sich grausige Sagen ranken.

Cafe Ristretto
Unterer Markt 10a und 12
D-92637 Weiden i. d.
Oberpfalz
+49 961 48025825

Tourist-Information
Weiden i. d. Oberpfalz
Altes Rathaus
Oberer Markt 1
D-92637 Weiden i. d.
Oberpfalz
+49 961 814131

50 Kaffeegenuss im Bürgerhaus

Café Ristretto am Unteren Markt

»In d'Wein foahrn« – auf Hochdeutsch: »nach Weiden fahren«. Und zwar ins Herz, den idyllischen Marktplatz. Zuvor muss ich aber mein Bedauern ausdrücken, dass mein Besuch so lange hat auf sich warten lassen. Immerhin ist Weiden das Zentrum des nördlichen Teils der Oberpfalz. Und es ist wunderschön, viel schöner als man vermutet, kennt man die Stadt nur vom Vorbeifahren!

In der Mitte des Ortes liegt eine Perle von Marktplatz, geschützt von zwei Toren, dem Oberen und dem Unteren. Ich komme durch das Erstere und schreite über den Oberen Markt. Er ist gesäumt von Geschäften und Lokalen und voller Menschen. Hier finden seit 1396 vier große Jahrmärkte statt und zudem jeden Mittwoch und Samstag Wochen- und Bauernmarkt. In der Mitte zwischen beiden Plätzen steht das Alte Rathaus mit seinem unverwechselbaren Charme. Der Untere Markt mit seinen prächtigen Giebelhäusern aus der Zeit ab 1540 erstreckt sich zwischen dem Unteren Tor und dem Alten Rathaus. Die bunten Fassaden lassen ihn lebendig und einladend wirken, sodass ich prompt der Verlockung nachgebe und mich im Café Ristretto niederlasse.

Dort erlebe ich hautnah, wie zuvorkommend die Weidener und Weidenerinnen sein können: Ich bitte um einen Kaffee und die junge Dame an der Maschine erläutert mir mit einer nonchalanten Selbstverständlichkeit sämtliche Details über die Bohnen, deren Herkunft, die Röstung in der Region und die täglich frische Anlieferung. Und: Er schmeckt wunderbar. Ich gönne mir gleich noch eine zweite Tasse und erstehe eine Packung frisch gerösteten Kaffees, bevor ich den Spuren des Komponisten Max Regers in der Stadt folge.

Auf den musikalischen Spuren Max Regers kann man bei den *Max-Reger-Tagen* wandeln, einem exzellenten Klassikfestival, bei dem die Meisterwerke des Musikers in seiner Heimat aufgeführt werden.

Basaltkegel Parkstein
Basaltstraße
D-92771 Parkstein

Vulkanerlebnis Parkstein
Schlossgasse 5
D-92711 Parkstein
+49 9602 6163910

51 Schönster Vulkankegel Europas

Basaltkegel Hoher Parkstein

Es soll ein Eber gewesen sein, der erstmals Menschen zum Berg führte! So erzählt es die Sage, die sich um die Entstehung der Burg Parkstein rankt, und deshalb zeigt das Wappen des Marktes das Tier. Allerdings kann man dieser Legende kaum Glauben schenken, denn der Hohe Parkstein ist aus allen Himmelsrichtungen bereits von Weitem zu sehen.

Schon Alexander von Humboldt bezeichnete ihn als den »schönsten Basaltkegel Europas«. Wie ein kleiner Vulkan ragt er bilderbuchhaft in der flachhügeligen umgebenden Landschaft empor. Und das ist er auch: ein erloschener Vulkankegel. Und zwar der tiefere, innere Teil eines solchen.

Das heute zu sehende Gestein ist erkaltete Lava, die sich mustergültig als Basalt an der steilen Felswand zeigt. 38 Meter ragt diese in die Höhe und lässt keinen Besucher unbeeindruckt. Nirgendwo sonst sind Basaltformationen in solch einer vollendeten Ästhetik und Pracht an die Erdoberfläche getreten. Die Gesteinssäulen, entweder fünf-, sechs- oder siebeneckig, sind durch Abkühlung des Magmas entstanden. Aber erst Erosion sowie Steinabbau durch Menschenhand haben den Basalt an der Wand freigelegt. Zum Glück wurde der Berg 1937 unter Naturschutz gestellt und wird seitdem von der Gemeinde erhalten.

Heute präsentiert sich am Fuße des Kegels vor der beeindruckenden schwarzen Wand eine Naturbühne. Im Sommer finden Theateraufführungen des *Basalttheaters* und Feste statt. Vor allem kann man aber in ehemaligen Felsenkellern ins Innere des erkalteten Vulkans steigen und der Urgewalt der Natur nachspüren.

Wir wollen allerdings auf den Hohen Parkstein hinauf! Früher schmückte eine stolze Burg den Felsen, heute ziert ein schmuckes Kirchlein den Gipfel. Eine fantastische Aussicht ins Oberpfälzer Hügelland und in den Oberpfälzer Wald sind an diesem Platz garantiert.

Im interessanten Museum *Vulkanerlebnis Parkstein* erfährt man alles über die Geologie und Geschichte des Ortes und kann zudem einen Vulkanausbruch auf beeindruckende Art miterleben.

Klosterdorf Speinshart mit Gasthof
Klosterhof 2
D-92676 Speinshart
+49 9645 601930

52 Baudenkmal von europäischem Rang

Klosterdorf Speinshart

Mitten im lieblichen, flachen Oberpfälzer Hügelland erhebt sich eine gewaltige Anlage: das Kloster Speinshart. Es ist ein Juwel der Baukunst und der Eintritt durch das Nordtor lässt einen in eine vergangene Welt eintauchen.

Zunächst erreicht man das Klosterdorf, das in dieser Form einzigartig und eines der schönsten Ortschaften Süddeutschlands ist. Ursprünglich dienten die Gebäude den wirtschaftlichen Betrieben des Prämonstratenserordens und wurden nach der Säkularisation 1803 den ehemaligen Angestellten zum Kauf angeboten. Die meist schlichten Häuser stammen aus der Mitte des 18. Jahrhundert und präsentieren sich heute nach umfangreichen Restaurierungsarbeiten als idyllisches Ensemble. Sie ähneln sich allesamt, sind aber doch verschieden und weisen liebevolle Details auf. Sie gruppieren sich um die beiden Klosterhöfe, die heute unter anderem als Bauerngärten genutzt werden.

Betritt man die Kirche, erwartet einen eine völlig andere Atmosphäre: Überbordende barocke Pracht verschlägt einem beinahe den Atem. Stuckaturen, Fresken, Altäre, Schnitzarbeiten, Reliquienschreine – die Augen kommen gar nicht zur Ruhe, so reichhaltig ist der Raum geschmückt. Man muss sich beinahe zwingen, sich auf Einzelheiten zu konzentrieren.

Die üppigen Stuckaturen mit den Fresken muten italienisch an; sie wurden von Künstlern aus der Nähe des Luganer Sees geschaffen und erinnern an Zuckerbäckerei. Wandert der Blick hinab, bleibt er an weiteren wunderschönen Kunstwerken haften. Mir persönlich haben es vor allem die Schnitzarbeiten an den inneren Wangen des Kirchengestühls angetan. An jeder der etwa 40 Bänke ist eine strahlende bunte Putte in Laubwerk zu sehen, die einen von unten anlächelt. Jede ist in eine andere Szene eingebettet und mit Details der Kirchengeschichte ausgestattet.

Im Anschluss der Besichtigung empfiehlt es sich, im Klostergasthof einzukehren. Dort kann man in modernem Ambiente im liebevoll restaurierten Altbau sehr gut regional schlemmen.

Rauher Kulm
Startpunkt:
Haus am Kulm
Rauher-Kulm-Straße
D-95514 Neustadt am Kulm

Neustadt am Kulm
Marktplatz 39
D-95514 Neustadt
am Kulm
+49 9648 273

53 Schönstes Naturwunder des Landes

Vulkanberg Rauher Kulm

Vor über 300 Jahren wurde er von einem Geografen als »Weltwunder« bezeichnet. 2013 wurde er bei einer Umfrage zu »Deutschlands schönstem Naturwunder« gewählt. Wenn das nicht Gründe genug sind, den *Rauhen Kulm* bei Neustadt am Kulm aufzusuchen – auch wenn es weit in den Westen der Oberpfalz geht. Gesehen habe ich ihn schon oft, denn dieser markante Vulkan ragt mit 681 Meter aus einer hügeligen Landschaft hoch hinaus.

Zur Einstimmung drehe ich jedoch zuerst eine Runde auf dem malerischen Marktplatz der kleinen Neustadt am Kulm zu Fuße des Berges. Kaum zu glauben, dass dieser Platz letztlich erst nach dem Zweiten Weltkrieg in Folge der völligen Zerstörung des historischen Kerns entstanden ist.

Schließlich beginne ich den Anstieg beim neu errichteten, vollständig in Holz gehaltenen Haus am Kulm. Dort hole ich die letzten Informationen über den Weg ein und laufe los: Da ich ein wenig Zeit habe, umrunde ich den Berg erstmal und sinniere darüber, wie es in ihm vor 21 Millionen Jahren wohl gebrodelt und gebebt haben mag.

Der *Rauhe Kulm* erhob sich als Vulkan, brach aber niemals aus. Daher erstarrte das hoch geschobene Magma bereits im Erdinneren. Die Gesteinsschichten darum herum verwitterten im Laufe der Zeit, und übrig blieben die zumeist sechseckigen Basaltsäulen, die zu riesigen Steinhaufen zerbrachen.

Auf diesen klettere ich nun. Einen Schritt nach dem anderen steige ich aus dem Wald den Basaltkegel hinauf, die letzten Meter steil bergan. Am Gipfel steht ein 25 Meter hoher Aussichtsturm – der vierte innerhalb von 200 Jahren an dieser Stelle! Der grandiose Rundumblick über die nördliche Oberpfalz bis ins Fichtelgebirge und die Fränkische Alb entschädigt jede Mühe.

Wenn man im Ort über den Marktplatz ans andere Ende der Stadt läuft, erreicht man den *Kleinen Kulm*. Ebenfalls ein ehemaliger Vulkankegel, der allerdings weitgehend abgebaut wurde.

GEO-Zentrum an der KTB
Am Bohrturm 2
D-92670 Windisch-eschenbach
+49 9681 400430

Gaststätte Sauerbachhütte
Holzmühle 2
D-92665 Kirchen-demenreuth
+49 9602 616298

54 Ein Ort der Superlative

Geo-Zentrum an der KTB

Hinein ins Erdinnere – und zwar sehr tief! Das wollen wir heute und besuchen das Geo-Zentrum an der KTB. Letzteres steht für »Kontinentale Tiefenbohrung«, ein Ort der Superlative. Mit 83 Meter ist sie die weltweit höchste Bohranlage an Land. Mit ihrer Hilfe wurde das tiefste Loch in hartes kristallines Urgestein gefräst: 9.101 Meter hinein in die Erdkruste und Erdgeschichte!

Von 1987 bis 1994 hielten Geowissenschaftler die Anlage in Betrieb. Warum genau an diesem Standort? Weil an dieser Stelle die Nahtstelle zwischen zwei Kontinentalplatten verläuft, dem Moldanubikum (Ur-Afrika) und dem Saxothuringikum (Ur-Europa). Ihre Kollision warf vor 320 Millionen Jahren ein riesiges Gebirge auf. Die Bohrung stellte aufgrund des riesigen Drucks und der hohen Temperaturen im Erdinneren (etwa 300 Grad Celsius) eine technische Meisterleistung dar. Sie erbrachte eine Fülle neuer Erkenntnisse für die Grundlagenforschung über die physikalischen und chemischen Bedingungen und Prozesse in tieferen Erdschichten. Dieses Wissen dient unter anderem der Untersuchung von Erdbeben.

Für uns Laien werden die komplexen Zusammenhänge anschaulich in der Ausstellung im Geo-Zentrum präsentiert. Sie ermöglicht einen Einblick in die geowissenschaftlichen Phänomene unserer Erde. Natürlich sind ebenfalls alle Informationen zur KTB aufbereitet sowie Bohrer zu sehen, die von der enormen Belastung bei ihrem tiefen Einsatz schwer gezeichnet sind.

Aber das Faszinierendste für alle kleinen und großen Besucher ist der Erdbebensimulator! Hier kann man sich auf eine Platte stellen und spüren, welche Urgewalt ein Erdbeben freisetzt. Wie froh wir sind, dass wir uns festhalten können und in einer sicheren Region leben.

Wer vom Geo-Zentrum aus die B22 Richtung Weiden fährt, sollte unbedingt bei der idyllisch gelegenen Gaststätte *Sauerbachhütte* halten, das Tal entlangwandern und einkehren!

Zoigl-Bräukeller Schoilmich
Marktplatz 20
D-92670 Windisch-
eschenbach
+49 9681 1397

Burg Neuhaus
Burgstraße 11
D-92670 Windischeschenbach

55 Beim Zoigl sind alle gleich

Zoigl-Bräukeller Schoilmichl

»Wou kemmts na eas her?« – Diese Frage schallte uns beim Schoilmichl in Windischeschenbach vom Nachbartisch entgegen, kaum dass wir uns gesetzt hatten. Da wussten wir, dass es ein kurzweiliger Abend werden würde! Beim Zoigl sitzen alle auf Augenhöhe und manchmal sogar auf Tuchfühlung beieinander.

Das oder der Zoigl? Allein die Frage enttarnt den Unkundigen. Es ist natürlich *der* Zoigl, ein untergäriges Bier, das heute noch nach überlieferter, althergebrachter Weise gebraut wird. In einer offenen Sudpfanne wird die Maische über einem Holzfeuer zuerst gekocht, danach der Hopfen zugeführt und diese »Würze« nochmals erhitzt. Der Sud kommt in große Behälter in den Keller, wo die Hefe ihre Arbeit verrichtet. Nach etwa zehn Tagen Gärzeit wird das Zoiglbier in Fässer abgefüllt, in denen es noch mehrere Wochen reifen darf. Schließlich gelangt es unfiltriert ins Glas und an den Gaumen …

Obwohl stets das gleiche Verfahren angewandt wird, schmeckt jeder Zoigl anders, denn jeder Brauer nutzt sein eigenes Rezept. In einigen Gemeinden in der Oberpfalz wird das regionaltypische Bier in Kommunbrauhäusern zubereitet. Diese werden von »brauenden Bürgern« unterhalten und über das »Kesselgeld« finanziert, eine Art Mitgliedsbeitrag. Das Zoigl-Braurecht, das die Genehmigung zum Ausschank umfasst, wurde einzelnen Familien schon vor bis zu 600 Jahren ausgestellt. Die Zulassung bleibt stets fest mit Haus und Grundstück verbunden und muss heute noch im Grundbuch eingetragen sein.

Die Zoigl-Wirte schenken reihum aus, meist an einem verlängerten Wochenende pro Monat. Ein am Hausgiebel hängender sechszackiger Stern – das Zunftzeichen der Brauer – zeigt an, wo gerade Zoigl ausgegeben wird. Beim Schoilmichl wird einer der besten aufgetischt – unvergesslicher Abend inklusive!

Der Weg hinunter zur Waldnaab lohnt sich: Man kommt an der Burg Neuhaus vorbei sowie an weiteren fünf Zoigl-Stuben!

Waldnaabtal
Startpunkt: Waldparkplatz
Waldnaabtal an der Blockhütte
D-95685 Falkenberg
+49 9637 415

Haus Johannisthal
Johannisthal 1
D-92670 Windisch-
eschenbach
+49 9681 400150

56 Wirbelndes Wasserschauspiel

Waldnaabtal

Die Naab ist der prägende Fluss der Oberpfalz. Genau genommen beginnt sie erst ab Luhe-Wildenau südlich von Weiden, zuvor tragen mehrere Flüsse diesen Namen. Der längste Zufluss ist die Waldnaab, die von der Quelle an der tschechischen Grenze zunächst einen Bogen nach Norden nimmt und danach stetig gen Süden fließt, bis sie sich nach 99 Kilometer mit der Fichtel- und später der Heidenaab zur Naab vereint. Zwischen Falkenberg und Windischeschenbach beheimatet sie den wohl schönsten Abschnitt: das wildromantische Waldnaabtal.

Während Millionen von Jahren hat das Wasser das Granitmassiv durchnagt und fließt heute zwischen steilen Hängen, übersät mit Felsen. Auch im Flussbett stehen und liegen riesige abgeschliffene Gesteinsblöcke. Die Felsgebilde tragen fantasievolle Namen wie Amboss, Kammerwagen, Rauschfelsen oder Teufelssitz. Manche haben Mulden und tiefe runde Löchern, wie zum Beispiel die Gletschermühle oder das Butterfass. Was steckt hinter diesen Vertiefungen?

Es sind weitgehend senkrechte Wasserwirbel, sogenannte Standwalzen, die in geologischer Hinsicht in sehr kurzer Zeit (weniger als 100 Jahre) metertiefe Kerben in den Granit schleifen. Entweder kreist ein Mahlstein, durch den Sog getrieben, beständig in einer Mulde und vergrößert diese. Oder Sand beziehungsweise feiner Kies reibt auf gleiche Weise das Gestein auf. Im ersten Fall spricht man von Strudelloch, im zweiten, also ohne Mahlstein, von einem Pseudostrudelloch.

Nachdem wir durch das Waldnaabtal gewandert sind, gönnen wir uns auf halber Strecke die wohlverdiente Pause an der Blockhütte. Der Biergarten in der herrlichen Natur lässt Groß und Klein erfreuen.

Am Ende des Waldnaabtals lassen sich ruhige Stunden erleben: Im Haus Johannisthal kann man meditieren, fasten, einkehren oder Urlaub machen – und das in wunderbarer Architektur in idyllischer Natur.

Burg Falkenberg
Burg 1
D-95685 Falkenberg
+49 9637 9299450

Gasthof
Zum Roten Ochsen
Schönfichter Straße 7
D-95685 Falkenberg
+49 9637 272

57 Einzigartig wechselhafte Historie

Burg Falkenberg

Sie sieht schon beeindruckend aus, wie sie im wildromantischen Waldnaabtal majestätisch auf übereinandergestapelten Felsen thront, auf sogenannten »Wollsäcken«. Doch das wirklich Besondere an der Burg Falkenberg ist ihre einzigartige Geschichte, die bis in die jüngste Vergangenheit reicht.

Erstmalig wird sie in einer Urkunde aus dem Jahr 1154 erwähnt. Mehreren Überfällen der Hussiten und Angriffen während des Dreißigjährigen Kriegs hält sie noch stand. Wenige Jahrzehnte später verfällt sie jedoch zunehmend und wird von der Bevölkerung zeitweilig als Steinbruch genutzt – bis sich 1929 der hohe Diplomat Friedrich-Werner Graf von der Schulenburg in die Festung verliebt. Er lässt sie von 1936 bis 1939 nach seinen Vorstellungen als Alterssitz wiederaufbauen. Allerdings erlebt er die Fertigstellung nicht mehr, da er als Mitverschwörer des gescheiterten Attentats auf Adolf Hitler am 20. Juli 1944 von den Nationalsozialisten verhaftet und getötet wird.

Nach dem Ende des Zweiten Weltkriegs und der Rückgabe an die Familie von der Schulenburg wird es einige Jahrzehnte ruhig um die Burg. Allerdings verschlechtert sich auch deren Zustand wieder. 2009 erwirbt schließlich der kleine Markt Falkenberg die Anlage und lässt sie in den folgenden Jahren unter großem Aufwand instand setzen. Die Sanierung erweist sich als neuerlicher Glücksfall für die Burg: Die verantwortlichen Architekten gingen äußerst behutsam mit der historischen Substanz um und bewerkstelligten die Arbeiten einschließlich notwendiger neuer Einbauten durchgehend auf qualitativ höchstem Niveau.

All dies kann im kleinen, aber feinen Burgmuseum nachverfolgt werden, das sich insbesondere mit der beeindruckenden und traurigen Geschichte des Friedrich-Werner Graf von der Schulenburg auseinandersetzt.

Unbedingt empfehlenswert: ein Besuch im *Roten Ochsen*, einem der ältesten Wirtshäuser der Oberpfalz. Uralt, urig und unheimlich gut – selbstverständlich mit frischem Zoigl.

Oberpfalzturm Naturpark-Infozentrum im Waldhaus
Startpunkt:
Parkplatz in Pfaben
D-92681 Erbendorf

Burgruine Weißenstein
Startpunkt: Wanderparkplatz Hohenhard
Kalvarienbergstraße
D-95679 Waldershof

58 Hoch hinauf im Steinwald

Oberpfalzturm

Auch heute soll es wieder hoch hinaufgehen: auf den Oberpfalzturm in der Gemarkung Waldershof. Doch vorher stellt sich die Frage: Welchen Weg nehmen? Die Aussichtsplattform steht mitten im Steinwald, der zwar nur ein kleines Gebirge sein mag, aber dafür ein großer Forst – und zwar einer mit vielen Gesteinsbrocken.

Ich entscheide mich für die kürzeste Route von Süden her. Wir starten also im hoch gelegenen Erbendorfer Stadtteil Pfaben und wandern in den Wald hinein. Dieser umgibt uns sofort mit seinen mächtigen Nadelhölzern. Nur ab und an dringt ein Sonnenstrahl zu uns durch. Dafür ist das Gehen auf dem mit Reisig bedeckten Boden in der frischen Höhenluft angenehm. Wir passieren bizarre Formationen wie den Saubadfelsen oder den Zipfeltannenfels, staunend, was aus hartem Granit alles entstehen kann.

Nach etwa einer Dreiviertelstunde lichten sich die Bäume plötzlich und geben eine schöne Wiese frei, ein Wildgehege und das Waldhaus im Steinwald. In dem vor wenigen Jahren sanierten und umgebauten ehemaligen Forsthaus können sich die Wanderer wie auch Radfahrer ausruhen, über die Umgebung informieren und mit Leckereien aus der Region stärken.

Wir heben uns eine Einkehr für den Rückweg auf. Nach einer weiteren halben Stunde sind wir endlich am Höhepunkt der Wanderung angelangt. Nach 150 Stufen liegt uns die gesamte nördliche Oberpfalz zu Füßen und wir spüren den rauen Charme des Gebirges. Der Wind lässt uns nicht nur rasch frösteln, sondern er rüttelt auch ordentlich an dem Bauwerk, das für seine Höhe von 35 Metern geradezu grazil ist. Aber das einheimische Holz, mit dem der Turm errichtet wurde, ist sturmerprobt. Im Anschluss haben wir uns redlich einen Zoigl im Waldhaus verdient.

Wer Ausdauer hat oder von der anderen Seite zum Turm wandert, sollte die Burgruine Weißenstein besuchen. Dort kann man gut innerhalb der Gemäuer hochsteigen und die Aussicht genießen.

Kloster Waldsassen
Basilikaplatz 2
D-95652 Waldsassen
+49 9632 923880

Kappl Wallfahrtskirche der Heiligsten Dreifaltigkeit
Kappl 2
95652 Waldsassen
+49 9632 1248

59 Barockes Juwel im Stiftland

Kloster Waldsassen

Welche Bedeutung einst dem Kloster Waldsassen in der Region zukam, zeigt allein deren Name Stiftland. Er weist darauf hin, dass die gesamte Gegend der Abtei gehörte und die Bauern bis zur Säkularisation lediglich Pächter der Felder waren. Der Einfluss des Konvents aufs Stiftland ist auch heute noch augenfällig: Die Mönche waren Meister im Teichbau und legten viele kleine Seen an, in denen nach wie vor fleißig vor allem Karpfen gezüchtet werden. Der Fisch war nicht nur Leckerbissen zur Fastenzeit, sondern ein wichtiges Grundnahrungsmittel und Eiweißlieferant für die Bevölkerung.

Ich habe die Qual der Wahl, wo ich zuerst hingehen soll. Ich entscheide mich für die Reihenfolge: Basilika, Bibliothek und abschließend den Rest der Anlage. Die Stiftskirche Waldsassen zählt zu den prächtigsten Barockbauten Süddeutschlands. Als ich sie betrete, überwältigt mich ihre Pracht beinahe. Der Baumeister Georg Dientzenhofer hat bei seinem »Meisterstück« böhmische, italienische und süddeutsche Einflüsse vereint. Über und über schmücken Bilder, Figuren, Stuckarbeiten und andere Kunstwerke die Wände und Decken. Ein besonderer Schatz des Klosters, der manchem Besucher einen Schauer den Rücken hinunterlaufen lässt, sind die Reliquien, die in ihren Schreinen ausgestellt sind.

Doch den Höhepunkt erreicht der Besuch des Klosters in der Stiftsbibliothek: Der Raum voller Bücher ist mit seinen filigranen Deckengemälden und Schnitzarbeiten ein barockes Kleinod. Vor allem die zehn lebensgroßen Holzfiguren, die die Obere Galerie tragen, ziehen alle Blicke auf sich. Sie stellen Allegorien der verschiedenen Facetten des Hochmuts dar, und jede einzelne Skulptur ist ein Kunstwerk für sich.

Zur barocken Pracht Waldsassens gehört natürlich auch die Dreifaltigkeitskirche Kappl: Die göttliche Dreifaltigkeit wurde in der Architektur auf einzigartige Weise symbolisch dargestellt.

Geschichtspark Bärnau–Tachov
Naaber Straße 5b
D-95671 Bärnau
+49 9635 9249975

Grenzlandturm
Startpunkt: Staatsstraße
Direkt an der Grenze zur
Tschechischen Republik
D-95671 Bärnau

60 Wie im Mittelalter

Geschichtspark Bärnau-Tachov

Als um das Jahr 2005 ein paar durchaus vernünftige Bärnauer Bürger die Idee entwickelten, nah am Stadtkern eine frühmittelalterliche Siedlung an der noch jungen Waldnaab zu errichten, schien das Vorhaben für manche schlichtweg abstrus. Aber gesagt, getan. Obwohl es eine Menge Ausnahmen bei etlichen Baubestimmungen bedurfte: Es wurde gebaut. Und zwar mit den damaligen Mitteln und gemäß den Erkenntnissen über jene Epoche von Wissenschaftlern, die den Geschichtspark fachlich leiten. Alles wie im Mittelalter!

Dieses Vorhaben wurde bis ins Kleinste umgesetzt: Die Baumeister und Handwerker mussten sich zunächst ihr Werkzeug selbst herstellen, bevor sie erste Fundamente errichten konnten. Auch das unter den Bedingungen aus dem 7. bis 13. Jahrhundert: Keine Motoren, Kräne oder andere Hilfsmittel späterer Zeiten kamen zum Einsatz.

Und doch standen innerhalb weniger Jahre 30 rekonstruierte Gebäude, ein Dutzend Häuser, Ställe, eine Schmiede, eine Kirche und sogar eine Festung. Aber keine aus Stein – denn mit diesem Material wurde erst in folgenden Epochen gebaut – sondern eine hölzerne Turmhügelburg mit dazugehörigen Wohn- und Nebentrakten, geschützt durch einen Wall, Pfähle sowie einen Wassergraben. Es ist höchst ergreifend, an diesem Ort in längst vergangene Tage einzutauchen und zu sehen, wie wirkungsvoll diese frühe Architektur war. Mit genügend Proviant konnten in der Wehranlage wenige Personen einer zahlenmäßigen Übermacht lange Stand halten.

Der Geschichtspark ist lebendig, weil ehrenamtliche Darsteller über kürzere und längere Zeiträume darin leben – natürlich wie im Mittelalter! Sie vermitteln den Besuchern einen Eindruck, wie der Alltag in jener Epoche aussah: Arbeit und Haushalt, Wohnen und Kochen, Kleidung und persönliche Gegenstände – all das wird originalgetreu gezeigt.

Irgendwann niste ich mich auch mal dort ein …

Unmittelbar an der Grenze zu Tschechien befindet sich der Grenzlandturm: ein schnuckeliges Bauwerk mit herrlicher Aussicht – ein eindrucksvolles Erlebnis!

Skilanglaufzentrum Silberhütte
Silberhütte 5
D-95671 Bärnau
+49 9635 1344

Alte Mühle Gehenhammer
Gehenhammer 1
D-92697 Georgenberg
+49 9658 9136316

61 Hoch, weit und kalt!

Langlaufzentrum Silberhütte

Ich will zum Langlaufen zur Silberhütte, aber unterwegs kommen mir ein wenig Zweifel: Die vorbeiziehende Landschaft strahlt in sattem Grün statt winterlichem Weiß. In Flossenbürg aber geht es steil bergauf und meine Skepsis schwindet. Am Parkplatz auf 850 Meter Höhe liegt schließlich reichlich Schnee und es ist zudem sehr kalt. Beste Voraussetzungen also für mein heutiges Vorhaben.

In den neuen, großzügigen Gebäuden des regen Fördervereins *Silberhütte e. V.* kann ich mich bestens präparieren, bevor es losgeht. Es ist wohlig warm und zudem kann ich mir noch fehlendes Gerät ausleihen. Auf der Piste entscheide ich mich unter den vielen Loipen für die Route, die zur Goldbachhütte führt. Und das ist nicht nur eine sportlich durchaus anspruchsvolle Strecke, sondern darüber hinaus eine länderübergreifende. Auf beinahe 900 Meter Höhe am Entenbühl überschreite ich die Grenze und laufe den größten Teil des Weges auf tschechischem Gebiet. Ich habe Glück und kann ich mich genau nach der Hälfte der Distanz an der Goldbachhütte stärken. Dank einer deftigen Brotzeit bin ich gut gerüstet für den langen Anstieg auf dem Rückweg.

Obwohl mir unterwegs schon beinahe die Puste ausgeht, schaffe ich es und habe an der Grenze ausreichend Luft und Lust, um die Skier erstmal abzulegen und zum Aussichtsturm Havran (Rabenberg) zu wandern. Die zehn Minuten Fußmarsch auf einem fest getretenem Pfad sind absolut lohnenswert: Aus der Höhe öffnet sich ein herrlicher Rundblick über den nördlichen Oberpfälzer, den Stein-, den Böhmischen sowie den Kaiserwald. Allerdings pfeift der Wind derart heftig und eisig, dass ich nur kurz auf dem Turm bleibe. Zum neuerlichen Glück kann ich mich kurze Zeit später mit einem heißen Kaffee an der Silberhütte wieder aufwärmen.

Wer vom Langlaufzentrum drei Kilometer genau nach Süden läuft, landet erst an der Burgruine Schellenberg und nach der doppelten Strecke am urigen Lokal Alte Mühle Gehenhammer zur verdienten Einkehr (nur auf Vorbestellung).

Burgruine Flossenbürg
Startpunkt: Burgweg
D-92696 Flossenbürg

Freizeit- und Camping-anlage Gaisweiher
Gaisweiher 1
D-92696 Flossenbürg
+49 9603 644

62 Wahrzeichen des Oberpfälzer Waldes

Burgruine Flossenbürg

Sie ist eines der markantesten Bauwerke der gesamten Oberpfalz: die Burgruine Flossenbürg. Seit sie um 1100 hoch droben auf einem alten Vulkan errichtet wurde, überragt sie den gleichnamigen Ort und den Oberpfälzer Wald. So ist es kein Wunder, dass sie Wahrzeichen sowohl der Gemeinde als auch der Region ist und zudem das Wappen Ersterer schmückt.

Die Festung ruht auf einem Thron aus Granit, entstanden aus Magma, das etliche Kilometer in der Tiefe unter hohem Druck erstarrte. Durch die Plattentektonik wurde der Gesteinskörper nach oben gehoben, die Spannung entlud sich, wodurch Risse und Klüfte an der Oberfläche entstanden. Das Markante am Flossenbürger Schlossberg ist, dass hier Granitplatten wie Zwiebelschalen übereinander geschoben wurden.

Schon vor etwa 1.000 Jahren haben die Menschen begonnen, diesen Granit als Baumaterial zu verwenden. Am Schlossberg gab es zeitweise parallel zehn Steinbrüche. Auch das traurigste Kapitel des Ortes ist mit dem Gestein verbunden: die Errichtung und der Betrieb des Konzentrationslagers Flossenbürg.

Die Geschichte der Burg ist äußerst wechselhaft: 17-mal wechselte sie im Laufe der Jahrhunderte den Besitzer. Der wohl bekannteste war Kaiser Friedrich Barbarossa, der die Festung im Jahr 1188 erwarb. Im Dreißigjährigen Krieg wurde sie zerstört und danach als billiges Baumaterial von der Bevölkerung abgetragen. Erst Anfang der 1980er-Jahre erwachte die Ruine wieder zu neuem Leben. Aufwendige Ausgrabungen und Restaurierungen brachten eine Reihe von Erkenntnissen ans Tageslicht. Aber ein Geheimnis ließ sich die Hohenstaufenfeste nicht entlocken: das der zwei sagenumwobenen Geheimgängen. Angeblich sollen sie vom Schlossberg zu den benachbarten Burgen am Haselstein und am Schellenberg geführt haben.

Unterhalb der Burg befindet sich mitten im Wald der herrlich gelegene Gaisweiher, der mit seiner neu gestalteten Badelandschaft zum Sprung ins kühle Nass einlädt. Am besten gleich auf dem Campingplatz einquartieren!

Reitschule Světce
Světce 2
CZ-34701 Tachov
+42 373 700893

68 Architekturjuwel im Wald

Reitschule Světce

Wenn Sie eine typische tschechische Stadt nahe der Grenze besuchen wollen, fahren Sie nach Tachov! Es ist eine ruhige und im Zentrum durchaus behutsam restaurierte Ortschaft. Dies ist insofern bemerkenswert, als die heute ansässigen Bürger zum Großteil nach dem Zweiten Weltkrieg neu angesiedelt wurden. Noch in den 1930er-Jahren stellten Sudetendeutsche über 90 Prozent der Bevölkerung. Sie alle zogen weg oder wurden vertrieben.

Zudem beherbergt Tachov in seinem Vorort Světce ein wahres Kleinod: die einzigartige Reitschule. Sie ist die zweitgrößte ihrer Art in ganz Europa. Nur die Spanische Hofreitschule macht ihr den Spitzenplatz streitig. Das tschechische Exemplar wirkt inmitten des einsamen Waldes jedoch um einiges beeindruckender als die große Schwester in Wien. Die Reitschule wurde von Feldmarschall Alfred I. Fürst zu Windisch-Graetz von 1858 bis 1861 errichtet, als Böhmen zum Kaisertum Österreich gehörte. Vorbild und Inspiration sind allerdings in England zu finden, und das zeigt sich in der einzigartigen Verbindung in Architektur und Bautechnik: Einerseits in der aristokratischen Tradition mit Bezügen zum Mittelalter verhaftet, wurden die Gebäude andererseits im für die damalige Zeit modernsten Industriestil mit Stahl und Eisen errichtet. Zudem ist die Anlage höchst funktional – mit den ersten Wasserklosetts auf tschechischem Gebiet für die Herrschaften und nahezu halb automatischer Mistentsorgung bei den Pferden.

All diese Details treten jedoch in den Hintergrund, betritt man den riesigen Raum in der Reitschule. Alles wirkt stimmig: Architektur, Licht, Größe, Pracht – eine wundervolle Symbiose. Und den allerbesten Blick genießt man natürlich von der Fürstenloge.

Gleich hinter der Reitschule führt ein Wanderweg an einer verfallenen Kirche vorbei auf den Hügel, wo ein futuristischer Aussichtsturm einen liebreizenden Ausblick auf die Stadt Tachov bietet.

Brauerei Chodovar
Pivovarská 107
CZ-348 13 Chodová
Planá
+42 374 611611

64 Dobrou chuť!

Brauerei und Hotel-Restaurant Chodovar

Achtung: Wenn Sie auf dem Weg nach Marienbad oder aus anderen Gründen in der Gegend sind, machen Sie unbedingt in Chodová Planá (Kuttenplan) halt. Zwar wirkt dieser Ort wenige Kilometer hinter der Grenze von der Durchgangsstraße aus zunächst wenig einladend, aber ein Stopp lohnt: allein wegen der Brauerei Chodovar Plana.

Seit 450 Jahren wird an diesem Ort Bier gebraut und die Menschen verstehen ihr Handwerk. Die Brauerei wurde auf einem Granitfelsen errichtet, den man aushöhlte und damit praktischerweise einen stets gekühlten Keller schaffte. Über den Betrieb wacht der Sage nach ein Geist in Gestalt eines Hundes, der heute noch das Wappen ziert. Gebraut wird mit Produkten aus der Region, traditionell vor allem obergäriges Bier mit unterschiedlichen Gehalten an Stammwürze, die den unterschiedlichen Sorten ihre Namen verleihen.

Wer gar nicht genug von dem Gerstensaft bekommt, der kann sich im unmittelbar angrenzenden Hotel *U Sladká* (Zum Malzbrauer) einquartieren und dort ein Bad nehmen. Aber nicht irgendeines, sondern ein Bierbad! Das soll nicht nur gesund sein, sondern darüber hinaus schön machen – na dann Prost!

Wir gehen in der Zwischenzeit schon einmal vor in den urigen Felsenkeller und besuchen das dort beheimatete Lokal *Ve Skále* (Im Felsen). Das macht seinem Namen alle Ehre, denn in die eigentlichen Speiseräume führt ein langer Gang durch den Granit, der einen Blick in den Bierkeller ermöglicht. Im Restaurant lassen wir uns böhmische Spezialitäten schmecken und wie immer fällt mir persönlich die Entscheidung zwischen Gulasch und dem traditionellen Svíčková (Lendenbraten) schwer. In jedem Fall gibt es aber als Beilage Serviettenknödel. Dobrou chuť – guten Appetit!

Wenn man schon so nahe ist, muss man natürlich auch das nur wenige Kilometer entfernte Marienbad mit seinen Heilquellen, dem prächtigen Kurbezirk am Fuß des Kaiserwaldes sowie den glamourösen Hotels besuchen.

Stift Tepl/Klášter premonstrátů Teplá
Teplá 1
CZ-364 61 Teplá
+42 353 391191

65 Prunkvolle Bauwerke

Stift Tepl

Stift Tepl ist eine wahrhaft monumentale Anlage – erstaunlich angesichts seiner wechselhaften Geschichte. Statt an den Kreuzzügen ins gelobte Land teilzunehmen, gründete der böhmische Adelige Hroznata 1193 einen Konvent am Fluss Teplá. Schon 40 Jahre später konnte die Klosterkirche im Beisein von König Wenzel I. eingeweiht werden und die Abtei erfuhr eine Blütezeit. Allerdings währte diese nicht allzu lange, denn erst wütete die Pest, dann der Dreißigjährige Krieg und schließlich brannten große Teile der Anlage nieder. Im Barock wurde sie wiederaufgebaut und das prunkvoller als zuvor. Zudem wurde sie ein Hort der Wissenschaft, wovon heute noch die Klosterbibliothek zeugt.

Dass das Stift überhaupt noch existiert, ist allerdings ein kleines Wunder. Denn nach der Vertreibung der Mönche und der Auflösung des Konvents 1950 diente es über Jahrzehnte der Tschechoslowakei als Militärkaserne. Doch 1990 wurde es den Prämonstratensern zurückgegeben. Seitdem saniert der Orden und leistet damit sowie mit seinem Engagement Wichtiges für die Region. Auf diese Weise hat das Stift mittlerweile einiges des alten Glanzes wieder zurückgewonnen.

Über das weitläufige Anwesen zu schlendern ist ein wahres Vergnügen. Bereits in frühen Tagen fehlte es wohl an nichts: Es gab eine Badeanlage, eine klostereigene Mühle, eine Brauerei, einen Fischteich und eine Gärtnerei mit riesiger Orangerie. Die Anlage mutet heute eher wie ein Park an, und man muss immer wieder innehalten und die unterschiedlichen Blickwinkel auf die Gebäude und den imposanten Baumbestand genießen. Nach dem Rundgang kosten wir noch in der angeschlossenen Gaststätte böhmische Spezialitäten – heute Knödelvariationen!

Auf der Fahrt vom Stift Tepl in Richtung Bayern fährt man durch das weite Tepler Hochland, das von einer Reihe bildschöner Alleen durchzogen ist.

Lučina/Grafenried
Startpunkt: Ortsende
Untergrafenried (nach Nr. 45)
CZ-344 01 Nemanice

Burgruine Treffelstein
Am Drachenturm 3
D-93492 Treffelstein

66 Das verschwundene Dorf

Wüstung Lučina

Was für eine dramatische Geschichte dieses Lučina (Grafenried) erfahren hat! Das heute verlassene Dorf auf der Gemarkung von Nemanice (Wassersuppen) wurde vor über 1.000 Jahren besiedelt, obwohl das Leben sicherlich nie einfach war. Auf 650 Meter Höhe pfeift oft der eisige Wind, und die Winter scheinen ewig zu dauern. Da die Siedlung an der Scheide zwischen Bayern und Böhmen, zwischen Ost und West lag, war sie schon immer territorialen Kämpfen ausgesetzt. Mehrfach wurde der beschauliche Ort zerstört und doch wiederaufgebaut. Insbesondere die Glashütten brachten der Gemeinde jedoch einen kleinen, wenn auch bescheidenen Wohlstand. Es gab eine Schule, eine Kapelle und eine eigene Brauerei. Zu Beginn des Zweiten Weltkriegs lebten etwa 800 Menschen in Lučina.

Nach dem Ende des Kriegs mussten die Bewohner, nahezu ausschließlich Sudetendeutsche, ihre Heimat verlassen. Da der Ort für die tschechoslowakischen Machthaber zu nahe an der Grenze lag, wurde er – wie viele andere auch – zum Sperrgebiet erklärt und dem Erdboden gleichgemacht. Lediglich die Kapelle blieb bis 1970 erhalten, wurde jedoch letztendlich ebenfalls abgerissen. Mit der Zeit bedeckten Wald, Moos und Strauchwerk die Bauruinen. Lediglich Mauerreste, der Friedhof und vereinzelte Obstbäume erinnerten noch an das Leben, das sich einst hier abspielte.

Um das Jahr 2011 begannen schließlich ein Nachkomme früherer Bewohner und ein tschechischer Historiker, die Überreste der Kirche freizulegen und zu restaurieren. Es folgten weitere Gebäude, die Spuren der Siedlung wurden wieder sichtbar. Heute wird in Lučina wissenschaftlich gearbeitet, die Ausgrabungen werden gesichert und als Gedenken der Nachwelt erhalten. Und das gemeinsam von Tschechen und Bayern, ohne Aufrechnung von Schuld – ein besonderer Platz!

Im nur wenige Kilometer entfernten Ort Treffelstein findet sich die gleichnamige Burgruine mitten im Ort. Der noch erhaltene Bergfried bietet einen hübschen Rundblick über die Umgebung.

Berg Čerchov/Schwarzkopf
Startpunkt: Parkplatz Jugendbildungsstätte Waldmünchen
Schloßhof 1
D-93449 Waldmünchen

Perlsee
Perlseestraße
D-93449 Waldmünchen

König des Oberpfälzer Waldes

Berg Čerchov

Für alle in Bayern und Böhmen weithin sichtbar: Der Čerchov (Schwarzkopf) steht nur zwei Kilometer hinter der Grenze auf tschechischem Gebiet. Mit 1.042 Metern ist er der höchste Gipfel des Oberpfälzer Waldes beziehungsweise des Český les, wie das Mittelgebirge auf tschechischer Seite heißt. Früher wurde der Berg gern dem Bayerischen Wald zugerechnet, doch von diesem – oder korrekterweise: dem Böhmerwald – ist er durch die Cham-Further-Senke getrennt. Auf der Anhöhe verläuft nicht nur die Staatsgrenze, sondern zudem die europäische Wasserscheide. Auf der Bergspitze ragen zwei Türme gen Himmel. Zum einen der schöne, 1904 aufgestellte Aussichtspunkt aus Granit und zum anderen der weniger ansehnliche, 1987 errichtete Bau der Flugsicherung. Und diese Türme sind unser Ziel.

Im Winter muss man zwischen Langlaufski und Schneeschuhen wählen, im Sommer zwischen Schusters Rappen und dem Mountainbike. Wer unentschlossen ist, dem empfehle ich das Buch von Karl Reitmeier, des Experten für den Čerchov. Er kennt alle Wege! Die Faszination des Waldmünchners für den Hausberg auf tschechischer Seite ist in der Geschichte begründet: Den Gipfel immer vor Augen, machten es die verschlossenen Grenzen lange Zeit unmöglich, ihn zu besteigen. Als sie geöffnet wurden, gab es kein Halten mehr.

Ich entscheide mich heute für das Mountainbike, doch immer noch habe ich die Qual der Wahl: Welche Strecke soll ich nehmen? Ich suche mir die mittelschwere Čerchov-Panorama-Tour aus, die auch das Massiv des Gibacht und mehrere Aussichtspunkte umfasst. Am Gipfel des Čerchov angekommen, mache ich eine wohlverdiente Pause. Die Aussicht reicht weit in die Oberpfalz und ins böhmische Land hinein. Ich stärke mich im urigen Wirtshaus mit einer tschechischen Brotzeit, bevor es wieder (fast) im Schuss zurück nach Waldmünchen geht.

Nach der anstrengenden Tour bietet sich eine Abkühlung im Perlsee in Waldmünchen an, einem Stausee mit sauberem Wasser, einem Strandbad, Ferienpark und Erlebnisspielplatz.

Böhmerwaldturm auf der Ebene
Startpunkt: Parkplatz
Waldhäuser Straße
D-92549 Stadlern

Böhmerwaldhaus
Weidinger Straße 1
D-92549 Stadlern

68 Auf die Ebene hoch hinauf

Böhmerwaldturm

Heute geht es hinauf auf die Ebene zum Böhmerwaldturm. Lassen sie sich vom Namen nicht täuschen, die Ebene ist der höchste Berg im Landkreis Schwandorf.

Los geht die Wanderung am wunderschönen Hochfels in Stadlern, einer markanten Felsrippe. Sie wird von Gesteinsblöcken umgeben, entstanden durch Verwitterungs- und Abtragungsvorgänge. Im Zusammenspiel mit der Heidevegetation ist dadurch eine idyllische Landschaft entstanden, die an Schottland erinnert.

Nach etwa einer halben Stunde Fußmarsch erblicke ich die Burgruine Reichenstein, die mystisch mitten im Wald versteckt liegt. Der Weg führt weiter, an ehemaligen Skihängen vorbei, die an frühere kältere Winter erinnern, zum Böhmerwaldturm. Nach 142 Stufen bin ich auf 900 Metern Höhe angelangt und genieße ein einmaliges Panorama. Heute habe ich Glück und kann meinen Augen kaum trauen – der Blick reicht tatsächlich bis in die Alpen, über 250 Kilometer weit.

Doch ich will noch ein wenig weiter zu einem geschichtsträchtigen Ort: zur Wüstung Bügellohe. Nur einen Kilometer von ihren alten Häusern jenseits der Grenze entfernt, besiedelten 1946 vertriebene Sudetendeutsche auf 830 Meter Höhe ein Fleckchen Erde mitten im Wald – in der Hoffnung, sie könnten bald wieder in ihre angestammte Heimat zurück. Erst bauten sie nur Baracken, dann richtige Häuser. Allerdings gab es weder fließendes Wasser noch Strom, ja, noch nicht mal eine Straße. Als jedoch der Glaube schwand, nach Hause zurückkehren zu können, kapitulierten die Menschen vor den harten Bedingungen und verließen die Bügellohe nach und nach. 1970 gab der letzte Bewohner auf. Heute ist die Siedlung fast verfallen, nur wenige Gebäude konnten in Gedenken an dieses traurige Kapitel der Geschichte erhalten werden.

Zurück in Stadlern gehe ich noch zum wunderschönen Böhmerwaldhaus, das liebevoll mit natürlichen Baumaterialien wie Lehmputz, Lärchendielen und Holzschindeln wiedererrichtet wurde.

Centrum Bavaria
Bohemia (CeBB)
Freyung 1
D-92539 Schönsee
+49 9674 924879

69 Ort der Völkerverständigung

Centrum Bavaria Bohemia

Die Grenze Tschechiens zu Deutschland ist 811 Kilometer lang, zu Bayern 300 und zur Oberpfalz 198. Aber nirgendswo entlang dieser Grenze findet sich noch ein Ort wie das Centrum Bavaria Bohemia (CeBB) in Schönsee. Es steht stellvertretend für das Engagement vieler Menschen beider Länder für die Verständigung, den kulturellen Austausch sowie das Zusammenkommen.

Bereits Ende der 1990er-Jahre entwickelte eine Gruppe rund um den damaligen Schönseer Bürgermeister Enthusiasmus für ein besonderes Projekt: Eine Begegnungsstätte der Oberpfälzer und böhmischen Kultur sollte entstehen! Aber in Schönsee, das nicht gerade der »Nabel der Welt« ist? Und doch kam eine Studie nur wenige Jahre später zu dem Ergebnis: »Wenn das Projekt nicht schon konzipiert wäre, müsste es im Hinblick auf den politischen Willen zur europäischen Integration, zum nachbarschaftlichen Dialog, zur Stabilisierung der strukturschwachen Grenzregionen und zur Begegnung der Menschen erfunden werden.«

Im Zentrum finden heute Konzerte, Lesungen, Ausstellungen und Diskussionen rund um die beiden Nachbarstaaten, ihre Gemeinsamkeiten, aber auch Unterschiede statt. Zudem kann man sich bestens über die Umgebung und ihre Schönheiten informieren. Und natürlich werden Feste gefeiert, wie die Bayerisch-Böhmischen Bier- und Musiknächte, wo musikalischen und lukullischen Genüssen aus beiden Regionen gefrönt wird. Wenn man im Wirtshaus auf den Bänken zusammenrutscht, wird die eventuell noch hemmende Sprachbarriere schnell gebrochen.

Zudem hat das CeBB ein schönes Dach über dem Kopf: das ehemalige Kommunbrauhaus, das mit Bedacht saniert und umgebaut wurde. Die Architekten *Brückner & Brückner* haben (auch) mit diesem Gebäude eine gelungene Verbindung von alter Bausubstanz mit zeitgenössischer Architektur geschaffen.

Schönsee ist Ausgangs- und Endpunkt vieler Wander- und Radrouten. Besonders schön ist der 46 Kilometer lange Weg auf der ehemaligen Bahnstrecke Nabburg–Schönsee mit gemächlicher Steigung durch herrliche Landschaft.

Altenschneeberg
D-93464 Tiefenbach

Alte Brauerei Thammer-Anwesen
Marktplatz 5
92559 Winklarn

10 Die schönste Sonnenterrasse

Altenschneeberg

Wer nach Altenschneeberg will, muss sich ganz nach oben kämpfen: Die wenigen Gebäude des kleinen Ortes verteilen sich rund um eine Hochfläche des Frauenstein-Schneeberg-Massivs, welches das Flusstal der Ascha von dem der Bayerischen Schwarzach trennt. Das Gebirge ragt losgelöst von den umliegenden Bergen empor, und nur ein befahrbarer Weg führt hinüber. Von diesem Pass zweigt eine schmale Stichstraße ab und führt an einer 1.000-jährigen Linde vorbei (fast) zur Spitze. Dort auf über 800 Metern Höhe liegt schließlich Altenschneeberg auf einer malerischen Sonnenterrasse.

Früher wurde der Ort von den Burgen Altenschneeberg und Frauenstein bewacht. Von beiden sind allerdings nur noch Ruinen übrig geblieben. In alten Zeiten soll es allerdings hoch hergegangen sein. Im 15. Jahrhundert herrschte Hans Zenger auf Altenschneeberg, der Berichten zufolge »ein strenger Fechter« war. Noch als 70-Jähriger nahm er 1433 an der Schlacht bei Hiltersried teil und half, die Hussiten zu vertreiben. In die Geschichte eingegangen ist er zudem als der »wilde Zenger« oder »wilde Hans«, was auf seinen wenig friedfertigen Charakter schließen lässt. Er soll Eleonore, die Tochter des Wilhelm von Sazenhofen, auf die Burg Hirschstein (Althirschstein) in Böhmen entführt haben. Gerade aber als er sich in der dortigen Schlosskapelle mit ihr trauen lassen wollte, erschien Wolf von Blankenburg, der Verlobte Eleonores, streckte den »wilden Hans« zu Boden und befreite seine Braut.

Während wir in die sagenumwobene Vergangenheit dieses Platzes eintauchen, kehren wir in den Berggasthof Tannenhof ein. Von dessen Terrasse aus hat man einen herrlichen Ausblick in den Oberpfälzer Wald und nach Böhmen.

Auf der Westseite des Schneeberg-Massivs liegt der Markt Winklarn, wo man an der ehemaligen Brauerei sehen kann, wie sich kleine Gemeinden der Region (hoffentlich) erfolgreich um große, das Ortsbild prägende Gebäude bemühen.

Prackendorfer und Kulzer Moos
Moosstraße
D-92554 Thanstein

Tourist-Information Neunburg vorm Wald
Schrannenplatz 3
D-92431 Neunburg vorm Wald
+49 9672 208421

71 Urtümliche Landschaft

Prackendorfer und Kulzer Moos

Wer bei einem Moor an unheimliche, nebelverhangene Landschaft denkt, die Menschen durch Irrlichter in die alles verschlingende Tiefe lockt, der sollte sich im Prackendorfer und Kulzer Moos eines Besseren belehren lassen. Im Naturschutzgebiet kann man trockenen Fußes mitten durch ein ausgedehntes und in weiten Teilen noch intaktes Sumpfland wandern.

Als ich das erste Mal auf dem Lehrpfad spazieren ging, mich mitten im undurchdringlichen Moorwald wiederfand, es überall rauschte und gluckste, überfiel mich zuerst schon ein Schauer. Aber dann war ich fasziniert davon, in diese urwüchsige Landschaft einzutauchen. Ihr Ursprung reicht über 10.000 Jahre in die Vergangenheit. Nur dank besonderer Gegebenheiten und viel Wasser, das nicht ablief, konnten die Torfmoose (Sphagnen) ihre Wirkung entfalten. Beinahe wäre das Gebiet jedoch in der Neuzeit durch den Menschen zerstört worden, insbesondere durch das Abtragen des Torfes als Brennmaterial. Gerade noch rechtzeitig rettete das Ende des Abbaus um das Jahr 1965 und zudem die Erklärung zum Schutzgebiet diese »Arche Noah der Natur«. So können wir heute im Moor nach den seltenen Pflanzen und Tieren suchen, die es nur in dieser Landschaft gibt.

Das Moos bietet zu jeder Jahreszeit andere Anblicke und Impressionen. Im sonnigen Frühjahr sorgen in erster Linie die vielen Vögel für den musikalischen Rahmen, während im weiteren Verlauf die Frösche ihre Konzerte zum Besten geben. Ein Höhepunkt des Besuches ist es, einen Blick auf den blauen Moorfrosch zu erhaschen. Dieser bleibt mir heute verwehrt, dafür begegnen mir verschiedene Schmetterlinge, Eidechsen und ein Reh, das in aller Ruhe durch den lichten Moorwald schreitet.

In der Nähe können Sie die wunderschöne historische Altstadt von Neunburg vorm Wald entdecken, die mit der Festung, dem Schloss und den umliegenden Türmen, Mauern und dem Zwinger Mittelalter pur ausstrahlt.

Oberpfälzer Freilandmuseum
Neusath 200
D-92507 Nabburg
+49 9433 24420

72 In den guten alten Zeiten

Oberpfälzer Freilandmuseum

Für das Oberpfälzer Freilandmuseum sollte man sich Zeit nehmen, über das großzügig angelegte Gelände schlendern, die unterschiedlichen Häuserensembles auf sich wirken lassen und eintauchen in die – sicherlich nicht immer – »guten alten Zeiten«.

Sobald man das Eingangsgebäude verlässt, befindet man sich in den Jahren um 1900, bevor mechanisiert und flurbereinigt wurde. Der Weg schlängelt sich vorbei an Weiden, Äckern, Teichen und Gärten durch fünf gänzlich unterschiedliche Oberpfälzer Siedlungslandschaften. Schon gleich im Stiftlanddorf nahe dem Eingang könnte ich Stunden verbringen, um die originalgetreu erhaltenen Häuser, Ställe, Scheunen und Nebengebäude und »Häiseln« (Aborte) zu durchstreifen.

Überall gibt es liebevolle Details zu entdecken, zusammengefügt wirken sie stimmig und wie aus dem Leben gegriffen. Eine Menge Tiere, die früher unweigerlich auf einen Hof gehörten, tummeln sich auf dem Gelände: Schafe, Ziegen, Kaninchen, Gänse, Hühner und Pfauen – viele davon laufen frei herum. Gesellschaft leisten ihnen seltene, teils sogar vom Aussterben bedrohte Rassen wie das Waldschaf, das Schwäbisch-Hällische Landschwein, das rote Höhenvieh oder auch mächtige süddeutsche Kaltblutpferde. Zugleich wird man sich aber wieder bewusst, wie kärglich der Alltag in den vielen armen und zudem kalten Regionen der Oberpfalz war. Allein die gedrungenen Bauten und deren spärliche Ausstattung zeugen davon.

Alle Mühsal vergisst man jedoch wieder bei einer Pause im Wirtshaus Unterbürg. Bei Spezialitäten wie Erdäpfelsuppe, Bauernseufzer mit Sauerkraut, Hausmacherpresssack oder Oberpfälzer Bauerngeräuchertes lässt man es sich schmecken – wie in den »guten alten Zeiten«.

Im Oberpfälzer Freilandmuseum finden das gesamte Jahr über Theateraufführungen und Veranstaltungen zum Lernen, Staunen und Mitmachen statt: Brot backen, Getreide dreschen oder Kräuterbüschel binden.

Kirche, Friedhofskapelle und Edelmannshof
Perschen 13
D-92507 Nabburg
+49 9433 9662

Pfarrkirche Mariä Himmelfahrt
Marienplatz 2
D-92536 Pfreimd
+49 9606 1260

78 Herausragendes Ensemble

Kirche, Friedhofskapelle und Edelmannshof in Perschen

Bei der Anreise nach Perschen ahnt man nicht, wie geschichtsträchtig der Nabburger Ortsteil ist. Aber sobald man angekommen ist, spürt man, an einem besonderen Platz zu sein.

Perschen ist die älteste Pfarrei der Oberpfalz und wurde wohl schon im 8. Jahrhundert vom Regensburger Kloster St. Emmeram gegründet. Die Kirche St. Peter und Paul bildet zusammen mit dem Karner sowie dem ehemaligen Pfarrhof ein außergewöhnliches bauliches Ensemble, das frei auf einer sanften Erhebung nahe der Naab liegt.

Durch den Friedhof schreiten wir zur Kirche, die mit ihren Doppeltürmen an die Benediktinerabteien St. Emmeram und Obermünster in Regensburg erinnert. Errichtet wurde sie um das Jahr 1300. In ihrem Inneren gefallen mir vor allem die romanischen Kapitelle, an denen unter anderem eine Figur frech die Zunge herausstreckt.

Eine bemerkenswerte Architektur weist die Friedhofskapelle auf. Die unterirdische Ebene des Rundbaus dient als Karner zur Aufbewahrung der Gebeine. Im oberen (Erd-)Geschoss birgt die kleine Kapelle die einzige in sich geschlossene romanische Wandmalerei außerhalb Regensburgs. Auch wenn die Bildnisse teils stark beschädigt sind, kann ich mich der Faszination der Darstellungen, ihrer Würde und Eindringlichkeit kaum entziehen. Die Wirkung des Raumes wird durch Choralgesänge verstärkt, die eine Frau und ein Mann während unseres Besuchs gerade einüben. Der Rundbau verfügt über eine hervorragende Akustik.

Erst nach und nach können wir uns der besonderen Stimmung entziehen und wandern abschließend zum Edelmannshof. Dieser ehemalige dreiseitige Pfarrhof ist seit dem Jahr 1605 unverändert und seit 1964 Teil des Oberpfälzer Freilandmuseums. Wir lassen uns im hiesigen Brotzeitstüberl nieder und die Pfälzer (geräucherte Bratwürste) mit Kraut schmecken.

Im benachbarten Ort Pfreimd steht ein weiteres bemerkenswertes Gotteshaus: Mariä Himmelfahrt entzückt insbesondere mit ihrem eindrucksvollen barocken Stuckdekor.

Altstadt
Startpunkt: **Tourist-Information Nabburg**
Oberer Markt 16
D-92507 Nabburg
+49 9433 1826

Stadtmuseum Zehentstadel
Obertor 3a
D-92507 Nabburg
+49 9433 204639

74 Mittelalter pur

Altstadt

Der historische Kern Nabburgs ist bereits aus der Ferne schön anzusehen: Das Zentrum thront mit seiner nahezu geschlossenen Stadtmauer auf einem Bergrücken oberhalb der Naab, wacht über den Fluss und das breite Tal. Schon um das Jahr 700 herum befand sich im Bereich der heutigen Altstadt eine Burg an der Naab. Damit ist der Ort eine der ältesten Siedlungen der Oberpfalz.

Wir starten unseren steilen Weg hinauf in den historischen Teil durch das Mähntor. Dahinter erwartet uns eine mittelalterliche Siedlung mit einem geschlossenen Ensemble prächtiger Bürgerhäuser. Lediglich die Autos und Reklametafeln erinnern an unsere Zeit, aber die vergessen wir rasch beim Spaziergang durch die kleinen Gassen. Entlang der Stadtmauer laden Aussichtspunkte ein, sich hinzusetzen und den Blick auf die malerische Ortschaft und die Natur der Umgebung zu genießen.

Ein Gebäude mit prunkvoller Bemalung sticht hervor: das Schmidt-Haus. Der gleichnamige Besitzer verzierte die Fassade 1930 anlässlich der 1.000-Jahr-Feier mit dem augenfälligen Putz. Einen weiteren Höhepunkt des Rundgangs stellt die Pfarrkirche St. Johannes Baptist dar, die an der höchsten Stelle der Altstadt steht und deren mächtiger Turm diese überragt. Sie ist das bedeutendste gotische Bauwerk der gesamten Oberpfalz außerhalb Regensburgs und beeindruckt im Innern durch seine einheitliche Architektur. Besondere Wirkung erzielt der Bau im Westchor rund um den Taufstein, der von Spitzbögen überwölbt ist, die die Empore darüber tragen.

Wieder draußen an der Sonne schlendern wir weiter und lassen uns schließlich in einem der netten Cafés in der Altstadt nieder. Einfach schön!

Schon in der Altsteinzeit war das fruchtbare Naabtal besiedelt, wovon eine Reihe von Zeugnissen im Stadtmuseum Zehentstadel berichten. Das Museum ist didaktisch durchdacht und gerade mit Kindern einen Besuch wert!

Schwandorfer Felsenkeller
Anmeldung/Treffpunkt:
Tourismusbüro Schwandorf
Kirchengasse 1
D-92421 Schwandorf
+49 9431 45550

Oberpfälzer Künstlerhaus
Fronberger Straße 31
D-92421 Schwandorf
+49 9431 9716

75 Labyrinth unter der Stadt

Felsenkeller

Dass sich unter Schwandorf ein unterirdisches Labyrinth verbirgt, sieht man der Stadt nicht an. Dabei spielten die Keller sogar mehrmals eine wesentliche Rolle in der Geschichte des Ortes. Doch der Reihe nach …

Schwandorf wurde vor über 1.000 Jahren an einer Furt durch die Naab gegründet. Der Fluss war jahrhundertelang die wichtigste Lebensader der Siedlung. Er war Handelsweg und lieferte reichlich Fische. Da schon früh im Mittelalter gebraut wurde, suchte die Bevölkerung kühle Plätze zur Lagerung des Biers. Dabei entdeckten findige Bürger, dass der Fels unter dem Holz- und Weinberg, auf dem die Stadt errichtet wurde, aus Doggersandstein besteht, der sich gut aushöhlen lässt. Vielleicht war es auch der Versuch, Erz zu gewinnen, der zu den ersten Grabungen führte, aber diese waren sicherlich nicht von Erfolg gekrönt. Dagegen funktionierte die Bierkühlung über Jahrhunderte hinweg. Mindestens 130 Keller wurden dafür in den Berg gehauen.

Zum Ende des 19. und Anfang des 20. Jahrhunderts wurden zudem Lebensmittel im unterirdischen Labyrinth gelagert, was zu Beginn der 1930er-Jahre ungebetene Gäste auf den Plan rief: Die »Kellerdiebe« wurden aktiv! Sie gruben sich auf ihren Raubzügen von Höhle zu Höhle und machten insbesondere vor hohen Feiertagen reiche Beute. Im Jahr 1945 leistete das unterirdische Labyrinth schließlich seinen größten Dienst für Schwandorf: Bei schweren Luftangriffen während des Zweiten Weltkrieg fanden Tausende Bürger darin Schutz vor Fliegerbomben. Nach Kriegsende gerieten die Keller zunächst in Vergessenheit oder wurden gar als Müllhalden missbraucht, bis sie vor wenigen Jahrzehnten wiederentdeckt wurden. 60 Räume unter der Erde wurden im Rahmen von Führungen öffentlich zugänglich gemacht. Zudem finden Ausstellungen und Theateraufführungen statt und sogar eine Gaststätte gibt es.

In Schwandorf sollte man auch das Oberpfälzer Künstlerhaus besuchen: Die »Kebbel-Villa« ist die Plattform für zeitgenössische Kunst und Kultur der Stadt und Schauplatz vieler Veranstaltungen.

Erlebnisholzkugel
In der Oder 7
D-92449 Steinberg
am See
+49 9431 7986516

Klausensee
Klause 7
D-92421 Schwandorf

76 Völlig neue Sinneserfahrung

Erlebnisholzkugel

Heute gönne ich uns ein wenig Spektakel – es geht an den Steinberger See in die größte Erlebnisholzkugel der Welt. Mit 40 Meter Höhe und 50 Meter Durchmesser bietet sie bereits bei der Anfahrt einen imposanten Anblick.

Der Steinberger See ist das größte Binnengewässer der Oberpfalz und lädt zu Wasservergnügen jeglicher Art ein: Baden und Schwimmen, aber auch Surfen, Boot- oder Wasserskifahren. Zudem lockt an seinem Ufer der Mehrgenerationenpark rund um die Kugel mit Spielplätzen sowie Relax- und Erholungszonen, eine Wiese mit Objekten aus Holz und Stein bietet Kunstgenuss unter freiem Himmel.

Aber wir wollen hinein in die Kugel und hinauf, um neue Sinneserfahrungen zu erleben. Wir betreten die hölzerne Konstruktion auf Stahlträgern und bestaunen zunächst die gewagte Architektur: Unzählige Schrauben und Seile, die 500 Tonnen Gewicht zusammenhalten. Dass die Kugelform im Allgemeinen und die Erdkugel im Speziellen eine höchst gelungene »Erfindung« der Natur ist, erfahren wir auf Informationstafeln auf dem 700 Meter langen Weg nach oben. Vor allem können wir aber an den 25 Erlebnisstationen und Spielplätzen unsere Beweglichkeit, Geschicklichkeit, Koordination sowie unseren Mut testen. Und das ist gar kein leichtes Unterfangen in schwindelerregender Höhe. Insbesondere die beiden Seilbrücken, auf denen mancher beim Blick hinunter ins Stocken gerät, sind eine echte Herausforderung.

Oben angekommen, wandern die Augen über das grün schimmernde Wasser des Sees und die Umgebung. Auf Loungesessel aus Lärchenholz kann man die Aussicht genießen und ein Sonnenbad nehmen. Aber uns drängt es weiter, denn nach unten geht es schnell: Wir nehmen eine Abkürzung und rutschen in einer riesigen Röhre die zwölf Stockwerke in wenigen Sekunden nach unten!

Ein etwas ruhigeres Badeerlebnis bietet nur fünf Kilometer westlich der Klausensee. Er punktet mit einem ewig langen Sandstrand und sehr sauberem Wasser – (fast) Karibik-Feeling!

Murner und Brücklsee
Sonnenrieder Straße
D-92442 Wackersdorf

Franziskus-Marterl
Im Blaubeerwald
D-92439 Bodenwöhr

Karibik-Flair in der Oberpfalz

Murner und Brücklsee

An einem heißen Sommertag spät nochmals in erfrischendes, glasklares Wasser springen. Im Anschluss nur wenige Meter durch den Sand in eine Bar wandern, ein kühles Getränk und etwas Leichtes zum Essen ordern, sich an einen Tisch nahe dem Ufer setzen und in die tiefrote Sonne blicken, die am Horizont im Wasser versinkt. Karibik-Flair! Wo es das gibt? Mitten in der Oberpfalz, am Murner und am benachbarten Brücklsee!

Dabei hat die Landschaft an diesem Lieblingsplatz einst völlig anders ausgesehen. Vor vielen Jahrmillionen dehnten sich hier bei subtropischem Klima Sumpfwälder aus. Immer wieder wurden sie von Sedimenten überdeckt und ihre Reste verwandelten sich unterirdisch durch den Sauerstoffentzug und den Druck der oberen Erdschichten in Braunkohle. Diese wurde im Jahr 1800 entdeckt und bis 1982 abgebaut. Riesige Flächen wurden abgetragen und der Natur offene Wunden zugefügt. Einige der Becken wurden nach und nach geflutet und bilden heute das wunderschöne Oberpfälzer Seenland.

Dazu gehören der Murner See wie auch der Brücklsee, die nur durch einen schmalen Damm voneinander getrennt sind. Beide Gewässer bieten an Freizeitvergnügen und Wassersport nahezu alles: saubere Liegewiesen mit Sanitäranlagen und Kiosk, Minigolf, einen Campingplatz, Aussichtsturm und Naturlehrpfad sowie Restaurants. Kinder toben sich auf Spielplätzen und im Märchenwald aus, Tret- und Ruderboote laden zu Touren auf dem Wasser ein. Wer kann, segelt oder surft über den See. Tauchern bietet der Brücklsee zudem ein hervorragendes Revier. Am Theatron, gebaut wie ein Amphitheater, finden Veranstaltungen und Konzerte statt. Und trotz der vielen Angebote findet man in den Buchten noch Ruhe, wo Naturliebhaber auf ihre Kosten kommen.

An ein ganz anderes Kapitel der Region erinnert das Franziskus-Marterl nur wenig südöstlich: Der Kapellen-Bildstock ist Symbol für den Widerstand gegen eine in den 1980er-Jahren geplante Wiederaufbereitungsanlage (WAA).

Wild- und Freizeitpark Höllohe
Höllohe 1
D-93158 Teublitz
+49 9431 471366

Münchshofener Berg
Kurz nach Anwesen
Oberhof 12
D-93158 Teublitz

78 Familienausflug zu den Tierfamilien

Wild- und Freizeitpark Höllohe

Wenn die Kinder aus Langeweile quengeln, egal ob Sie im Kreis der Familie oder mit anderen unterwegs sind – der Wild- und Freizeitpark Höllohe ist für solche Tage das perfekte Ausflugsziel! Der liegt in der Nähe von Teublitz und ist mit dem Auto schnell zu erreichen. Auf unnötige Spektakel wird verzichtet, sodass junge und ältere Besucher der Tier- und Pflanzenwelt ohne Ablenkung begegnen können.

Das Damwild traut sich, bis an den Zaun zu kommen. Die sonst so scheuen Hirsche und Rehe fressen einem das gekaufte Futter (bitte nur das!) oder gerupftes Gras aus der Hand. Bei den Ziegen muss man hingegen fast aufpassen, dass sie vor Zutraulichkeit (und Gier) nicht über den Zaun springen. Die größten oder frechsten der Tiere lassen sich kaum austricksen, wenn man auch den Kleinsten etwas geben will. Bei den Wildschweinen ist man wiederum froh, wenn sie sich überhaupt einmal bemüßigen heranzutraben. Wenn das jedoch geschieht – wie bei unserem letzten Besuch –, dann steht plötzlich die ganze Familie vor einem, also Mutter Bache, Vater Keiler und die Frischlinge.

Wenn der eigene Nachwuchs hungrig wird, kann man sich in der schönen weitläufigen Anlage an zahlreichen Tischen und Bänken niederlassen und sein mitgebrachtes Picknick ausbreiten. Kinder mit überschüssiger Energie können sich darüber hinaus auf dem Spielplatz austoben. Und da dieses ganze Vergnügen auch noch kostenlos ist – also weder Eintritt noch Parkgebühren erhoben werden –, geben wir gern für Futter etwas mehr aus oder spenden, damit die Anlagen unterhalten werden können.

Nach dem Besuch im Wildpark unbedingt über die Naabbrücke nach Münchshofen fahren, dort am gleichnamigen verfallenden Renaissanceschloss vorbei auf den Berg und die herrliche Aussicht genießen!

Bootswandern Nittenau–Ramspau
Startpunkt:
Regental-Kanu
Am Burghof 16
D-93149 Nittenau
+49 9436 2740

Geisterwanderung beim Tourismusbüro Nittenau
Hauptstraße 14
D-93149 Nittenau
+49 9436 902733

79 Zu Hexen und Geistern

Bootswandern auf dem Regen

Diesem Lieblingsplatz nähere ich mich auf dem Wasser. In Nittenau besteigen wir stabile Kanus und von da an fahren wir den Regen hinab. Der zweitlängste Fluss der Oberpfalz prägt mit seinen 190 Kilometern die Region. Sein Wasser ist sehr sauber, trotz der dunklen Färbung, die er seinem Ursprung im Grundgebirge im Bayerischen Wald verdankt. Zudem ist der Fluss bei Bootswanderern beliebt. Der Abschnitt ab Nittenau gilt als einer der schönsten.

Warum das so ist, erfahren wir sogleich, denn schon bald verengt sich das Tal. Zu beiden Seiten steigen Wälder steil empor, auf deren Anhöhen Festungen thronen: Erst passieren wir die Burg Hof, dann das Schloss Stefling und schließlich die Ruine Stockenfels, die versteckt oben zwischen den Bäumen liegt. Sie befindet sich genau am »Regenknie«, wo der Fluss von Westen nach Süden abknickt. Wir halten am rechten Ufer und steigen die etwa 120 Höhenmeter steil empor. Und plötzlich stehen wir vor der malerischen Burg, die sich an einen schmalen Bergrücken schmiegt und mit ihren geschlossenen Mauern uneinnehmbar wirkt.

Besonders beeindruckt uns die Sage von den schlimmen Verbrechern, die zu mitternächtlicher Stunde hier ihr Unwesen treiben: den Geistern von Bierpanschern. Das nach Mord und Brandstiftung drittschlimmste Verbrechen in Bayern kann zu Lebzeiten nicht gesühnt werden, sodass die unglückseligen Seelen zur Strafe Nacht für Nacht in Stockenfels Wasser aus dem Brunnen schöpfen müssen.

Wir steigen lieber rasch zurück zum Fluss, setzen über und lassen uns dort im idyllischen Biergarten in Marienthal nieder. Wir blicken auf den Regen, die Wälder und Stockenfels und sind froh, dass unser Bier unverdünnt vor uns steht. Im Anschluss geht es weiter den Regen hinab nach Ramspau.

Wer die drei Burgen besser kennenlernen will, sollte sich bei der Geisterwanderung vom Henker von Hof, den Hexen von Stefling und den Bierpantschern zu Stockenfels verzaubern lassen.

Wolframslinde
Ried bei Haidstein
D-93444 Bad Kötzting

Burg Haidstein und Haidsteiner Hütte
Haidstein 1
D-93466 Chamerau
+49 9941 9495292

80 Grüne Urahnin

Wolframslinde

Heute besuche ich eine Oberpfälzer Urahnin, die wiederum die Älteste ihrer Art in ganz Deutschland ist: die 1.000-jährige Linde in Ried am Haidstein bei Bad Kötzting.

Vor allem im Herbst, wenn sie ihr Laub abgeworfen hat, sieht man ihr die Jahrhunderte an. Mit scheinbar letzter Kraft stützt sie sich auf zehn Krücken, die ihr die Menschen zur Verfügung gestellt haben. Bringt ein Windstoß sie ins Wanken, hilft ihr ein Korsett aus Stützen, Stahlseilen und Kunststoffgurten, sich aufrecht zu halten. Und doch schlägt ihre Lebensader kräftig und lässt in jedem Frühjahr frisches Grün sprießen. Naht die warme Jahreszeit, sprüht die Wolframslinde plötzlich vor Energie und entpuppt sich als das, weswegen sie verehrt wird: als altehrwürdiges grünes Naturwunder, um das sich unzählige Mythen ranken.

Der Stamm der Linde ist vermutlich bereits seit Jahrhunderten völlig ausgehöhlt. Der Innenraum wurde mit einer schwarzen Masse ausgefüllt. Das würde man heute nicht mehr machen, denn der Baum kann Fäulnisstellen eigenständig reparieren und an Schwachstellen das Wachstum beschleunigen, um wieder ins Gleichgewicht zu kommen. Diese Fertigkeiten haben der Wolframslinde das Überleben gesichert, auch im verheerenden Sturm im Jahr 1950. Nur ihre Krone hat sie während des starken Unwetters eingebüßt. Seither schützen sie eigens um sie herum angepflanzte Bäume vor zu heftigen Windböen.

Wem sie selbst einst Schutz geboten hat, darum ranken sich zahlreiche Legenden. Angeblich soll ihr höhlenartiges Inneres im 19. Jahrhundert als Kapelle und noch früher als Werkstatt genutzt worden sein. Und um das Jahr 1200 soll sich mutmaßlich der Minnesänger Wolfram von Eschenbach im Schatten der Linde so manchen Vers des berühmten Parzival-Epos einfallen haben lassen. Historisch ist das zwar nicht belegt, doch im Parzival kommt tatsächlich eine Stelle vor, die auf die nahe gelegene Burg Haidstein verweist. Vielleicht also …

Die Burg Haidstein ist zwar nur noch eine Ruine, aber wegen der schönen Aussicht sowie der urigen Berghütte nebenan eine Wanderung wert.

Konzerthaus Blaibach
Kirchplatz 2
D-93476 Blaibach
+49 9941 9495065
Blaibacher See
Parkplatz am Damm
D-93476 Blaibach

81 Ufo im Bayerwald

Konzerthaus Blaibach

Ein Ufo ist gelandet – mitten im oberen Bayerischen Wald in Blaibach! Warum gerade hier?

Nun, am Anfang war Leere. Bevölkerungsrückgang, geänderte Urlaubsgewohnheiten und der demografische Wandel hatten dazu geführt, dass das Zentrum zunehmend ausstarb. Wie in vielen anderen kleinen Gemeinden der Region. Doch verschiedene Personen ermöglichten die Entstehung einer außergewöhnlichen Stätte. Zum einen ein Initiator der vermeintlich verrückten Idee eines Konzerthauses für einen Ort mit nur rund 2.000 Einwohnern. Zum anderen ein Architekt, der genau an diesem Standort zwischen Bayerwaldbergen und -häusern einen visionären monolithischen Bau plante. Und nicht zuletzt Förderer an den unterschiedlichsten Stellen, die das Projekt entgegen mancher anfänglichen Widerstände unterstützten.

Und schließlich landete 2014 das »Ufo«, ein Würfel, der schräg aus dem Boden aufsteigt und auf den ersten Blick mit allen Bautraditionen der Umgebung bricht. Ohne Fenster, fast ausschließlich aus Beton gebaut. Doch schon die Außenverkleidung mit Granit ist in Blaibach wieder nichts Fremdes. Das Gestein kommt in der Region häufig vor, wodurch das Dorf in seiner Geschichte Steinhauer von nah und fern anzog.

Im Inneren des Gebäudes lenkt die puristische, aber dennoch harmonische Gestaltung aus Glasbeton und wenig Lärchenholz die Aufmerksamkeit der Besucher auf die auftretenden Künstler. Sie sorgt aber vor allem für eine vorzügliche Akustik, sodass auf allen der 200 Plätze die Darbietung bestens verfolgt werden kann. Selbst in der obersten Reihe ist jeder Ton von der Bühne glasklar wahrzunehmen. Die idealen Rahmenbedingungen ziehen Künstler nach Blaibach, die sonst nur in großen Städten spielen. Auch das Publikum strömt von weither. Und Architekturbegeisterte pilgern zu dem aufsehenerregenden Bau, der eine Reihe von Auszeichnungen erhalten hat.

In der Nähe befindet sich der Blaibacher See, ein Stausee am Schwarzen Regen, der im Sommer zum Baden und Bootsfahren und im Winter zum Eisstockschießen einlädt, wenn das Eis dick genug ist.

Burg Falkenstein
Burgstraße 10
D-93167 Falkenstein
+49 9462 942220

Kirche Marienstein
Eder Johann Gaststätte
Marienstein 3
D-93167 Falkenstein

82 Durch den Hohlen Stein

Burg Falkenstein

Wer kennt das nicht: Es ist ein schöner freier Tag, Zeit für einen Ausflug. Also auf nach Falkenstein, ein absolutes Highlight für Groß und Klein. Schon die Anfahrt durch den Falkensteiner Vorwald ist ein Genuss. Hügel, Berge, und Täler wechseln sich ab, Wiesen und Wälder und Städtchen ziehen vorüber. Vor allem die immer wieder vereinzelt emporragenden Granitblöcke ziehen die Blicke auf sich.

Schließlich taucht am Horizont die mächtige Falkensteiner Festung auf einem Felsenberg auf. Zunächst aber wandern wir ihr zu Fuße durch den Burgberg auf gewundenen Wegen, vorbei an und mitten durch eine Reihe von Felsformationen. Sie tragen nicht nur einfallsreiche Namen wie Hohler Stein oder Froschmaul, sondern beflügeln auch die Fantasie! Die riesigen Steinblöcke im Wald verströmen eine unmittelbare Ahnung von der Urgewalt, die diese Landschaft im Verlauf der langen Erdgeschichte geschaffen hat.

Nun geht es aber hinein in die Burg und gleich ganz hinauf auf den Turm. Über viele verschlungene und immer steiler werdende Treppen erreichen wir die Spitze. Dabei kommen wir an einer Kammer vorbei, in der mittelalterliches Werkzeug wie Foltergerätschaften oder ein Pranger zu sehen sind. Nachdem uns beim Anblick ein Schauder überfallen hat, verfliegt dieser angesichts des Panoramas von der Turmspitze. Die Aussicht reicht über die Festungsanlage, den Berg, den ganzen Vorwald bis tief hinein in den Bayerischen Wald. Dort grüßen der Hohe Bogen sowie der Große Arber, Letzterer noch mit einer Schneehaube geziert. Nach dem Abstieg halten wir im Burghof inne und gönnen uns in der Schenke eine Stärkung.

Im kleinen Ortsteil Marienstein liegen eine bescheidene Marienkapelle und daneben ein uriges Wirtshaus idyllisch auf einer Bergkuppe, auf der sich wohl bereits in vorchristlicher Zeit eine Kultstätte befand.

Naturschutzgebiet Hölle
Postfelden 20
D-93191 Rettenbach

Kloster Frauenzell
Frauenzell 5
D-93179 Brennberg
+49 9484 273

83 Schöne Unterwelt

Naturschutzgebiet Hölle

Zuletzt geht's in die Hölle! Wirklich – aber in eine sehr idyllische, die noch dazu großes Vergnügen bereiten kann!

Wir starten unsere Wanderung in Brennberg und gönnen uns zuerst einen kleinen Spaziergang zur dortigen Burgruine. An diesem wunderschönen klaren Sommermorgen lohnt sich der Besuch besonders, denn von diesem Standort aus, am höchsten Punkt im gesamten Landkreis, können wir weit über den Falkensteiner Vorwald und die Donauebene bis in die Alpen blicken. Die erscheinen heute zum Greifen nah, obwohl sie doch über 150 Kilometer entfernt liegen.

Jetzt geht es aber tief hinab, vorbei an herrlich blühenden Wiesen, bis zum Flussbett des Höllbaches. Das Tal hat der Wasserlauf im Laufe von Jahrmillionen in den Vorwald gegraben. Als wir ihm aufwärts folgen, wird das Rauschen immer lauter. Und plötzlich sehen wir die Quelle dessen: Der Höllbach scheint einer gewaltigen Halde riesiger Steine zu entspringen! Beim genaueren Hinsehen entdecken wir jedoch, dass der Bach vielmehr seinen Weg an den Blöcken vorbei gefunden hat. Sie bestehen aus Granit, sind vor vielen Millionen Jahren tief im Erdinneren aus Feldspat, Gneis und Glimmer entstanden, irgendwann an die Oberfläche gehoben und dort von der Verwitterung geformt worden. Nach und nach wurden sie rund abgeschliffen und an diese Stelle verfrachtet, wo sie den Höllbach blockierten.

Wir folgen dessen weiteren Verlauf entgegen der Strömung. Und das ist eine wahre Freude: Wir springen von Stein zu Stein, lauschen dem tiefen Rauschen und Gurgeln. Stets darauf bedacht, nicht abzurutschen, was aber trotzdem manchmal passiert. Dann verschafft das Wasser Kühlung. Am Ende waten wir barfuß durch das Flussbett. Zurück marschieren wir auf dem weichen Waldboden – und das ist ohne Schuhwerk ein herrliches Gefühl, wenn auch manchmal etwas stachelig.

Im nahen Brennberger Ortsteil Frauenzell steht das gleichnamige Kloster, eine ehemalige Benediktinerabtei mit einer schönen Rokokokirche, in der aufwendige Stuckaturen sowie ein Deckenfresko zu finden sind.

Dietmar Bruckner,
Heinrich May, Daniela Skalla,
Mirja-Leena Zauner
Lieblingsplätze
im Bayerischen Wald
192 Seiten, 14 x 21 cm
Klappenbroschur
ISBN 978-3-8392-0370-5

Größtes Waldgebiet Mitteleuropas, ältester Nationalpark und einziger Urwald Deutschlands – das und noch viel mehr bietet der Bayerische Wald. Kommen Sie mit auf eine Entdeckungsreise von den Ausläufern im Norden über die Weltkulturerbestadt Regensburg sowie die Höhenzüge bis in die Dreiflüssestadt Passau im Süden! Wandeln Sie auf den Spuren von Adalbert Stifter und Friedrich Nietzsche, zwischen Baumwipfeln, um idyllische Seen oder durch die geschützte Natur der »Hölle«. Ob historisches Glashandwerk, Westernfeeling oder im Revier von Wolf und Luchs – tauchen Sie ein in die Faszination »Woid«!